# Kongresshalle am Zoo Leipzig

jovis

# Kongresshalle am Zoo Leipzig

HPP ARCHITEKTEN

FALK JAEGER [HG|ED]

jovis

SOMMER
RODEL-
BAHN
Kohren-Sahlis
Besuchen Sie die
MUSTER
HAUS
AUSSTELLUNG

8

ZOO
LEIPZIG
Der Natur auf der Spur.

# Vorwort
# Foreword

Prof. Dr. Jörg Junhold
Direktor des Zoologischen Gartens Leipzig
Director of the Leipzig Zoo



Die Geschichte der historischen Kongresshalle Leipzig, dem einst größten Festsaal der Stadt, ist eng mit dem Zoo Leipzig verbunden. Seit seiner Eröffnung im Jahr 1900 erlebte das Gesellschaftshaus eine ereignisreiche und wechselhafte Geschichte. Nicht ohne Grund war das Gesellschaftshaus das beliebteste Postkartenmotiv in der Geschichte des Zoo Leipzig. In zahlreichen Varianten überliefert, kündet es vom Selbstbewusstsein jener Männer und Frauen, die einst die Aktiengesellschaft des Tiergartens ins Leben riefen und damit eine neue Etappe in seiner Entwicklung einläuteten. Ihr wichtigstes Projekt, das Veranstaltungsgebäude, nahm von Anfang an einen zentralen Platz im kulturellen Leben der Messestadt ein. Kongresse und Theateraufführungen, Konzerte und Tanzveranstaltungen wechselten in rascher Folge. So gab es wohl kaum einen Leipziger, der sich nicht an eine Episode in einem der Veranstaltungssäle erinnerte, der die Kongresshalle nicht mit dem eigenen Leben verband.

Zugleich – und das ist wenig bekannt – wurde das Gebäude dem Tiergarten schrittweise entzogen, musste die Zoodirektion zusehen, wie sie ihren Einfluss auf die

The story of the historic Congress Hall in Leipzig, once the largest ballroom in the city, is closely linked to the Leipzig Zoo. Since its opening in 1900, the Gesellschaftshaus has been through an eventful and turbulent history. It was, with good reason, the most popular subject for postcards in the history of the Leipzig Zoo. In its various incarnations, it tells of the self-confidence of those men and women who first brought the Zoo to life as a corporation, and thus ushered in a new stage in its development. Right from the start, its most important project, the convention center, assumed a central place in the cultural life of the Trade Fair site. Congresses and theater plays, concerts and dance performances, alternated in rapid succession. So there was hardly a single Leipziger who did not remember at least one episode, in one or other of the function rooms, that linked the Congress Hall to his or her own life.

At the same time—and this is less well known—the building was gradually taken away from the control of the Zoo, and the Zoo's managers were forced to watch as their influence over the restaurants and the general

↗
An der Pfaffendorfer Straße zeigt sich das Ensemble mit der Front des Bestandsbaus und dem neuen Nordflügel mit dem Mahlersaal.

At the Pfaffendorfer Strasse we see the ensemble with the frontage of the existing building and the new north wing with the Mahler Hall.

Gaststätten und die Belegungspläne verlor. Als das Haus 1988 aufgrund zahlreicher Baumängel und nicht erfüllter Brandschutzbestimmungen geschlossen wurde, schien das mit dem Zoo nur noch wenig zu tun zu haben. Dabei war meinen Vorgängern und mir immer klar, dass die Kongresshalle und der Zoologische Garten zusammengehören, dass wir alles unternehmen würden, den Dornröschenschlaf des altehrwürdigen Gebäudes zu beenden und es den Leipzigern und ihren Gästen wieder zur Verfügung zu stellen.
Mit einem vom Zoo Leipzig, von der Stadt und der Leipziger Messe GmbH initiierten Sanierungskonzept wurde das ehemalige Kulturzentrum als modernes und multifunktionales Veranstaltungszentrum im Herzen der Stadt wiederbelebt. Mit dem Festakt zu 1000 Jahre Leipzig und der damit verbundenen Wiedereröffnung des zum Kongresszentrum erweiterten Ensembles schlagen wir ein neues Kapitel in der traditionsreichen Historie des einstigen Gesellschaftshauses auf. Wir sind stolz darauf, die KONGRESSHALLE am Zoo Leipzig dem gesellschaftlichen und wirtschaftlichen Leben Leipzigs im 21. Jahrhundert zurückzugeben.

layout waned. When the building was closed in 1988, due to numerous structural defects and neglected fire regulations, it no longer seemed to have very much to do with the Zoo. But I and my predecessors always knew that the Congress Hall and the Zoo belonged together, and that we would do everything possible to awaken the “Sleeping Beauty” that is this time-honored building and make it available once more to the people of Leipzig and their guests.
With a restructuring plan initiated by the Leipzig Zoo, the City of Leipzig and the Leipziger Messe GmbH, the former cultural center has been revived as a modern, multifunctional event center in the heart of the city. With the celebration of Leipzig’s thousandth anniversary and the associated reopening of the building complex, now expanded into a convention center, we are embarking on a new chapter in the long and rich history of the former Gesellschaftshaus. We are proud to be returning the Congress Hall at the Leipzig Zoo to the heart of the city’s social and economic life in the twenty-first century.

# Einführung
# Introduction

Martin Buhl-Wagner
Sprecher der Geschäftsführung der Leipziger Messe
CEO of Leipziger Messe



Seit der Eröffnung im Jahr 1900 bildete das „Gesellschaftshaus am Zoo" den Mittelpunkt des bürgerlichen Lebens in Leipzig. Nach dem Zweiten Weltkrieg war hier unter anderem das weltbekannte Gewandhausorchester beheimatet und Kurt Masur dirigierte im Großen Saal 1970 sein Antrittskonzert als Gewandhauskapellmeister. Zu den Frühjahrsmessen fanden in dem Gebäude gesellschaftliche, kulturelle und sportliche Höhepunkte statt. Der Weiße Saal war lange Zeit Spielstätte für das Theater der Jungen Welt. Für immer neue Anforderungen wurde der Gebäudekomplex über Jahrzehnte kontinuierlich erweitert und umgebaut, musste aber wegen Baufälligkeit 1988 geschlossen werden. Im Jahr 2009 beschloss die Stadt Leipzig die grundlegende Sanierung und so erstrahlt die KONGRESSHALLE am Zoo Leipzig seit Mai 2015 in neuem Glanz.

Seitdem wird der prachtvoll sanierte Bau im Gründerzeitstil von der Leipziger Messe Unternehmensgruppe durch das Congress Center Leipzig (CCL) als modernes Kongresszentrum betrieben. Besonderer Dank gilt an dieser Stelle dem Architekturbüro HPP Hentrich-Petschnigg &

Ever since it opened in 1900, the "Gesellschaftshaus am Zoo" ("Social Functions Building at the Zoo") has been at the center of civic life in Leipzig. After the Second World War, for example, it was the home of the world-famous Gewandhaus Orchestra, and in 1970 Kurt Masur conducted his inaugural concert as its Kapellmeister in the Great Hall. The spring trade fairs brought important social, cultural, and sports events to the building. The White Hall was a longstanding venue for the Theater der Jungen Welt (youth theater group). The building complex was continuously expanded and renovated over the decades to cope with new requirements, but it had to be closed in 1988 due to disrepair. In 2009 the city of Leipzig decided to undertake basic refurbishment and so, since May 2015, the Congress Hall at the Leipzig Zoo has shone with renewed splendor.

Since then, the magnificently restored Wilhelminian building has been managed as a modern conference center by the Leipziger Messe (Leipzig Trade Fair) corporate group, via the Congress Center Leipzig (CCL). Special thanks must at this point go to the architects

17

↑
Blick nach Norden in die Pfaffendorfer Straße mit Kongresshalle und Zoogebäuden links und den Parkhäusern zur Rechten

View north toward the Pfaffendorfer Strasse with the Congress Hall and Zoo buildings on the left and the parking garages on the right

↗
Der Parkhausneubau des Zoos aus dem Jahr 2011 vis-à-vis der Kongresshalle

The new building of the Zoo parking garage in 2011 opposite the Congress Hall

Partner, das es verstanden hat, die komplexen funktionalen Anforderungen mit der Erhaltung der eindrucksvollen historischen Räume zu verbinden.
Internationale und nationale Veranstalter können in der Kongresshalle 15 Säle und Räume sowie Foyers und Lounges unterschiedlicher Größe für Gruppen zwischen zehn und 1200 Teilnehmern flexibel kombinieren und nutzen. Besucher genießen nicht nur optimale Rahmenbedingungen und höchste technische Standards, sondern auch die besondere Atmosphäre des Hauses mit zahlreichen liebevoll restaurierten Details. Sie erleben das einzigartige Zusammenspiel unterschiedlicher architektonischer Stile – von Historismus über Jugendstil und Art déco bis zur Moderne – und erhalten einen Einblick in die bewegte Geschichte des Hauses. Darüber hinaus empfiehlt die Nähe zur Innenstadt und die direkte Nachbarschaft zum renommierten Zoo Leipzig die Kongresshalle als Destination für Veranstaltungen mit einem breit gefächerten Begleitprogramm.
Leipzig ist einer der beliebtesten deutschen Standorte für internationale Kongresse. Jedes Jahr begrüßen wir

HPP Hentrich-Petschnigg & Partners, who have been able to meet complex functional requirements while preserving the impressive historical rooms.
International and domestic operators can flexibly combine the resources of the Congress Hall with its fifteen halls and rooms, and its foyers and lounges of different sizes for groups of between ten and 1,200 participants. Visitors can enjoy not only the very best conditions and highest technical standards, but also relish the special atmosphere of the building with its numerous lovingly restored details. They can experience the unique combination of different architectural styles, from historicism, Art Nouveau, and Art Deco to modernism, and gain an insight into the building's eventful history. Moreover, its closeness to the city center and direct proximity to the renowned Leipzig Zoo recommends the Congress Hall as a destination for events with a wide spectrum of supporting activities.
Leipzig is one of Germany's most popular locations for international congresses. Every year we welcome thousands of guests from around the world. As part of the

↑
Das Parkhaus aus dem Jahr 2011 an der Pfaffendorfer Straße

The parking garage in 2011 on the Pfaffendorfer Straße

→
Spitzbogenmotiv, in der Art-déco-Fassung am Weißen Saal links und in der heutigen Interpretation am Telemannsaal rechts

Pointed arch motif, in the Art Deco version in the White Hall (left) and in today's interpretation in the Telemann Hall (right)

Tausende Gäste aus aller Welt. Als Teil der Leipziger Messe Unternehmensgruppe und eines leistungsstarken Netzwerkes von Kongresspartnern hat das CCL zu dieser Entwicklung maßgeblich beigetragen. Es gehört zu den Marktführern der deutschen und europäischen Kongressbranche. Das erfahrene Team des CCL betreibt nun zusätzlich diese neue Tagungsstätte im Herzen der Stadt. Die KONGRESSHALLE am Zoo ist verkehrsmäßig bestens erschlossen. Ihr gegenüber stehen zwei leistungsfähige Parkhäuser zur Verfügung – auch sie übrigens von den Architekten HPP Hentrich-Petschnigg & Partner entworfen und bereits mit mehreren Architekturpreisen ausgezeichnet.

Schon vor ihrer Eröffnung war das Interesse der Veranstalter an der KONGRESSHALLE am Zoo Leipzig groß und viele Leipziger verbinden persönliche Erinnerungen mit ihr. Wir freuen uns, dieses wunderschöne Gebäude mit Leben zu füllen und hier Gäste aus Leipzig, Deutschland und der ganzen Welt zu empfangen.

Leipziger Messe corporate group, and its powerful network of partners, the CCL has significantly contributed to this development. It is one of the market leaders in the German and European congress industry. The experienced CCL team now also operates this new conference venue in the heart of the city. The Congress Hall at the Zoo is extremely convenient for transportation. Right opposite, two large parking lots are available—these, incidentally, were also designed by the architects HPP Hentrich-Petschnigg & Partners and have already won several architectural awards.

Even before its opening, operators were showing great interest in the Congress Hall at the Leipzig Zoo and many Leipzigers have personal memories associated with it. We are delighted to be filling this beautiful building with life, and welcoming visitors from Leipzig, Germany, and all over the world.

# In bester Gesellschaft
# In the Best of Company

### Der Zoologische Garten und sein Gesellschaftshaus

### The Zoological Garden and Its Gesellschaftshaus



→
Konzertgarten mit dem Gesellschaftshaus kurz nach der Eröffnung. Rechts der Haupteingang und das Verwaltungsgebäude. Ganz links im Anschnitt der ehemalige „Kolonnadensaal", ein Schankraum in Form eines Wintergartens

Concert garden with the Gesellschaftshaus shortly after opening. Right, the main entrance and the administrative building. On the far left in the side-cut, the former "colonnaded hall," a bar in the form of a conservatory

Dass die heute eigenständige Kongresshalle in der unmittelbaren Nachbarschaft des Leipziger Zoos angesiedelt ist und mit ihm sogar eine gemeinsame Eingangssituation bildet, kommt nicht von ungefähr, ist sie doch als Restaurations- und Veranstaltungsgebäude des Zoos errichtet worden und diesem organisatorisch und wirtschaftlich zugehörig gewesen.

Von Anbeginn hatte der spätere Zoodirektor Ernst Pinkert (1844–1909) auf das Geschäftsmodell der Verbindung von Tiergarten, Gastwirtschaft und Veranstaltungsbetrieb gesetzt. Begonnen hatte es ohnehin mit dem Schankbetrieb, den er 1873 nach Erwerb des Pfaffendorfer Hofs eröffnete. Schon drei Jahre später präsentierte er erste Wildtiere in Zusammenarbeit mit Carl Hagenbeck, der gerade in Hamburg mit seinen Spektakeln der Tier- und Völkerschauen begonnen hatte. Auf einem knappen Hektar Fläche startete Pinkert 1878 mit seinem Tiergarten, konnte aber mit anhaltendem Erfolg mehrfach erweitern. Bald war er jedoch aufgrund der starken Mitbewerber mit den überkommenen Baulichkeiten des Pfaffendorfer Hofs als Restaurant und

The fact that the now independent Congress Hall is located in the immediate vicinity of the Leipzig Zoo, and even shares a common entrance with it, is no accident: it was set up as a catering and events forum for the Zoo, and was part of the Zoo both organizationally and financially.

Right from the start, the man who later became the Zoo director, Ernst Pinkert (1844–1909), developed a business model combining the Zoo with a restaurant and events facilities. He had begun with the saloon and restaurant, which he opened in 1873 after purchasing the Pfaffendorfer Hof. Three years later he introduced the first animal inhabitants, in cooperation with Carl Hagenbeck, who had just started presenting his zoological and ethnographic displays in Hamburg. Pinkert opened his Zoo in 1878 on barely one hectare of land, but the continuing success of the endeavor meant that he went on to extend it several times. However, due to stiff competition, the traditional buildings of the Pfaffendorfer Hof were no longer adequate as a restaurant and events forum, and the Zoo was thus in financial peril. In order to

21

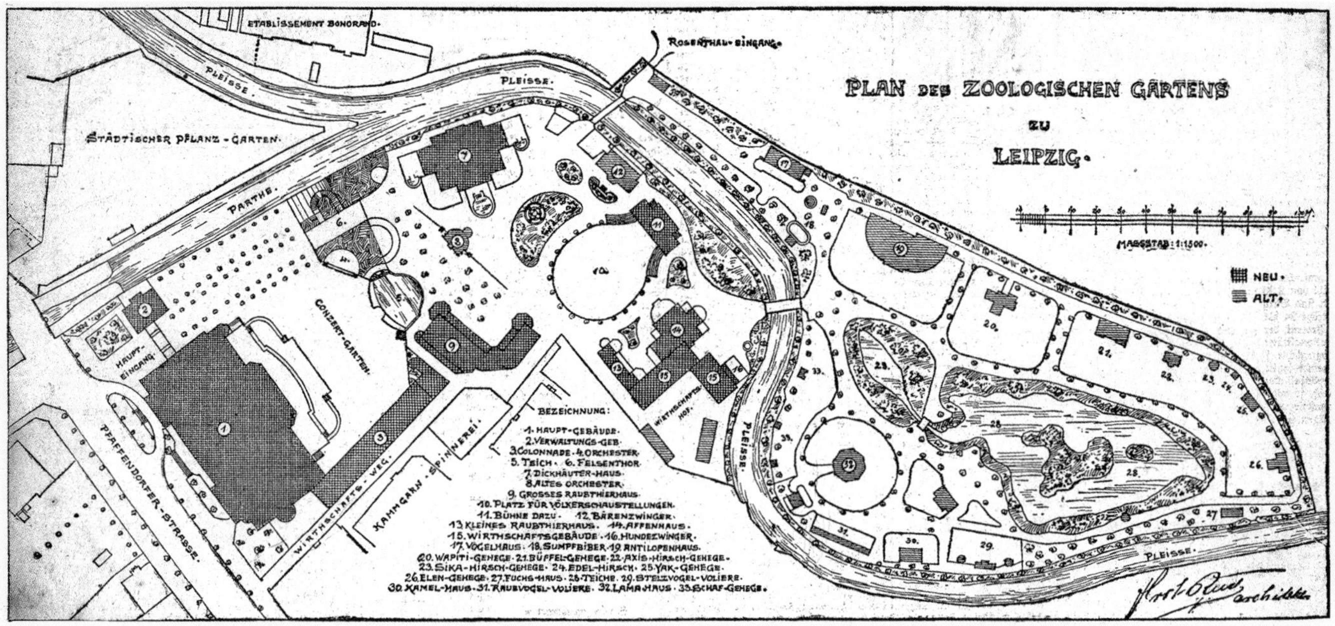




↑ Anlage des Zoos mit dem Gesellschaftshaus (1), dem Kolonnadensaal (3) und dem Konzertgarten im Jahr 1898

Site of the Zoo with the Gesellschaftshaus (1), the colonnaded hall (3), and the concert garden in 1898

Veranstaltungslokal nicht mehr konkurrenzfähig, wodurch auch der Zoobetrieb in Gefahr geriet. Um die hinhaltend agierende Stadtverwaltung zu forcieren, organisierte Pinkert eine Initiative einflussreicher Bürger und eine Unterschriftenaktion. Letztlich kam es 1898 zur großen Lösung: Die Stadt stellte für den Bau des Zoos und ein Gesellschaftshaus den Grund zur Verfügung. Eine Aktiengesellschaft mit 500.000 Mark Eigenkapital wurde gegründet und Ernst Pinkert zum Vorstand eingesetzt. Bereits am Tag darauf begannen die Abbrucharbeiten. Architekt Heinrich Rust hatte im Vorfeld geschickt agiert und konnte bei der Gründung der AG eine komplette Planung für mehr als ein Dutzend Zoogebäude und für das Gesellschaftshaus, den Haupteingang und das Verwaltungsgebäude präsentieren. Ohne Wettbewerb erhielt er den Auftrag und schon zwei Wochen später erfolgte der erste Spatenstich.

Auch der weitere Fortgang der Arbeiten macht heute staunen. Am 10. Mai 1899 wurde der Grundstein für das repräsentative Gesellschaftshaus mit dem größten Festsaal Leipzigs gelegt und bereits fünf Monate später

force the hand of the reluctant municipal administration, Pinkert organized an initiative of influential citizens including a petition. Ultimately, in 1898, a grand solution was found: the city provided the ground for the construction of a new Zoo and Gesellschaftshaus. A joint stock company with 500,000 marks in equity was founded, and Ernst Pinkert was made its chair. Demolition work began the very next day. Architect Heinrich Rust was ahead of the game: at the time the consortium was founded he was able to present a complete plan for more than a dozen zoo buildings and, for the Gesellschaftshaus, the main entrance and the administrative building. He was awarded the contract without having to face any competition, and two weeks later the ground was broken.

The speed with which work then advanced still arouses admiration. On May 10, 1899, the foundation stone was laid for the prestigious Gesellschaftshaus, with the largest ballroom in Leipzig, and only five months later the topping-out wreath was set in place. The envisaged opening date, two and a half months later (at the beginning of the new century), turned out to be too ambitious,

23 ↗
Baustelle des Gesellschaftshauses im September 1899, vom späteren Konzertgarten aus gesehen

Building site of the Gesellschaftshaus in September 1899, seen from the later concert garden

konnte der Richtkranz aufgezogen werden! Der ins Auge gefasste Eröffnungstermin nach weiteren zweieinhalb Monaten am Beginn des neuen Jahrhunderts erwies sich dann doch als zu sportlich angesetzt. Der frühe Wintereinbruch, Brandschutzauflagen (auch heute als Hemmnisse nicht unbekannt) und unerwartete Probleme mit der Stromversorgung verzögerten das Projekt um einige Monate. Die Kosten überstiegen dadurch das Budget um 30 Prozent. In einer Art *soft opening* wurden der Konzertgarten und die Restaurants zu Pfingsten in Betrieb genommen, während die große Einweihungsfeier am 29. September 1900 über die Bühne ging, gerade einmal 17 Monate nach dem ersten Spatenstich.

Gesellschaftshäuser, die etwa die Funktion heutiger Stadthallen haben, gab es in dieser Form schon in einer Reihe anderer deutscher Großstädte. Das Raumprogramm umfasste einen großen Festsaal, mehrere kleine Säle und Versammlungsräume sowie eine leistungsfähige Küche. Diesem Typus entspricht auch das Gesellschaftshaus des Zoos in Leipzig. Mehr noch als heute spielte der eindrucksvolle Auftritt eine Rolle. So ist das

however. The early onset of winter, fire safety measures (still a hurdle today), and unexpected problems with the power supply delayed the project by several months. The cost exceeded the budget by 30 percent. In a kind of "soft opening," the concert garden and the restaurants were opened at Whitsuntide, while the grand opening was staged on September 29, 1900, just seventeen months after the groundbreaking ceremony.

Similar Gesellschaftshäuser, or "social functions buildings," which used to fulfill roughly the functions of today's city halls, already existed in a number of other major German cities. The plans covered a large banquet hall, several small rooms and meeting rooms and a state-of-the-art kitchen. The Gesellschaftshaus of the Leipzig Zoo corresponds to this type. Even more than today, it was important back then for a building to cut a dash. So the building is a hybrid of early modern functionalism and Wilhelminian "prestige" architecture: the way the buildings are divided up, with the clearly legible functions hall, administrative offices, restaurant area, loggias for relaxation, and so on, are all rigorously functional, while the

↑
Blick in den Großen Saal nach Norden Richtung Bühnenportal kurz nach der Eröffnung

View of the Great Hall to the north, looking towards the proscenium arch shortly after opening

Gebäude ein Hybrid aus frühmodernem Funktionalismus und wilhelminischer Repräsentationsarchitektur: funktionalistisch die Baukörpergliederung mit den deutlich ablesbaren Funktionen Saal, Verwaltungstrakt, Restaurantbereich, Loggien für den Pausenaufenthalt und dergleichen, repräsentativ und malerisch die Gestaltung und Ausstattung. In dieser Hinsicht ähnelt der Bau den zur gleichen Zeit entstandenen öffentlichen Gebäuden mit besonderer Bedeutung, den Rathäusern (der Bau des Neuen Rathauses in Leipzig wurde zeitgleich begonnen), Gerichtsgebäuden oder Hauptpostämtern, die ihr Ansehen durch die Reflexion historischer Bautypen wie Burgen und Schlösser mehrten.

Der 50 Meter hohe Turm des Gesellschaftshauses ist demgemäß der Höhepunkt einer malerischen Baukörperkomposition und hat die Funktion eines Merkzeichens. Er ist ein weithin sichtbares Fanal – Blickpunkt an der Straßenbiegung der Pfaffendorfer Straße –, das mit dem Turm der Michaeliskirche, dem nördlichen Zielpunkt im weiteren Verlauf der Straßenachse, in Dialog tritt. Typologisch erscheint der Turm als eine

design and equipment are impressive and picturesque. In this regard, the building is similar to other contemporary public buildings of special importance, such as city halls (the construction of the New City Hall in Leipzig was started at the same time), courthouses, and principal post offices, which gained a certain swagger by echoing historical building types such as castles and palaces.

The fifty-meter-high tower of the Gesellschaftshaus is thus the high point of a picturesque building ensemble and acts as a distinguishing feature. It is a highly visible beacon, a focal point rising just where the Pfaffendorfer Strasse curves, and it enters into a dialogue with the tower of St. Michael's church, which closes the northern end of this thoroughfare. Typologically, the tower appears as a mixture of city gate, keep, and church tower, with the "city gate" serving as the main entrance to the building. While the lower floors with their quoins and arched windows seem rather Romanesque, the tower displays Renaissance forms. The loopholes somewhat contradict the wooden loggia of the lateral stair tower and the multi-tiered spire, also with an open loggia story. The archi-

25 ↗ Großer Saal mit Haupteingang kurz nach der Eröffnung

Great Hall with main entrance shortly after opening

Mischung aus Stadttor, Bergfried und Kirchturm, wobei das „Stadttor" als Haupteingang des Gebäudes dient. Während die unteren Geschosse mit ihrer Eckquaderung und den rundbogigen Fenstern eher romanisch anmuten, zeigt der Turmaufsatz Renaissanceformen. Die Schießscharten stehen in gewissem Widerspruch zur hölzernen Loggia des seitlichen Treppenturms und dem mehrfach gestuften Turmhelm mit ebenfalls einem offenen Loggiageschoss. Es ging dem Architekten ganz offensichtlich nicht um historisch-typologische Korrektheit, sondern um die malerische Wirkung, die auch vom Kontrast der weißverputzten Wände mit den Gewänden und Schmuckteilen aus dem ortsüblichen roten Porphyr aus Rochlitz ausgeht.
Um 1900 war ohnehin der Eklektizismus, die Stilmischung Gebot der Stunde. Die historistische Epoche der ernsthaften Diskussionen um Inhalte und Bedeutung von historischen Baustilen – mit Hingabe zelebriert zum Beispiel beim Gelehrtenstreit, ob das Hamburger Rathaus nun in Gotik oder Renaissance zu bauen sei – war durch die zügellose, manieristische Endzeit des Historismus

tect was obviously not after historical-typological correctness, but sought a picturesque effect, one that also stems from the contrast between the white-plastered walls and the jambs and decoration of local red porphyry from Rochlitz.
Around 1900 eclecticism was already the order of the day. The historicist era of serious discussions about the nature and importance of historical architectural styles—with fervent arguments among scholars over whether the Hamburg City Hall should be built in Gothic or Renaissance style—had been replaced by the unbridled, mannerist endgame of historicism. Thus it is that the hall of the Gesellschaftshaus, with its round arches and galleries, is reminiscent of medieval imperial cathedrals or palaces, while the part of the building to the left of the tower with profiled windows and curved gables in transitional Gothic style quotes the architecture of the Renaissance, closer to it in time by half a millennium. But at least the new age was visible, too: the capitals of the heavy, stocky pillars of the hall arcading were influenced by the then emerging Art Nouveau.

↑
Blick in den Großen Saal nach Süden Richtung Haupteingang kurz nach der Eröffnung

View of the Great Hall to the south, looking towards the main entrance shortly after opening

abgelöst worden. So kommt es, dass der Saalbau des Gesellschaftshauses mit seinen Rundbogenarkaden und -galerien an mittelalterliche Kaiserdome oder Pfalzanlagen erinnert, während der Gebäudeteil links des Turmes mit profilierten Fenstern und geschweiften Giebeln unter Übergehen der gotischen Epoche die ein halbes Jahrtausend jüngere Baukunst der Renaissance zitiert. Doch immerhin war auch die neue Zeit präsent: Die Kapitelle der schweren, gedrungenen Säulen der Saalbauarkade wiederum sind vom aufkommenden Jugendstil beeinflusst.

Die Suche nach einem neuen Stil um 1900 lässt sich im Großen Saal gut beobachten: Hier schwangen die Galerien in Rokokomanier entlang der Seitenwände, überwucherte das Stuckreliefdekor in der Art von Rocaillen die Brüstungen, Pilaster und Gewölbeansätze, bevölkerten geflügelte Sphingen, Allegorien der Erdteile und allerlei Getier nach klassizistischer Art die Pfeiler und Wände. Doch musterte man das Dekor etwas genauer, machte sich bei aller Realitätsnähe der figürlichen Darstellungen der Formenkanon des Jugendstils bemerkbar. Die

The search for a new style in 1900 can be clearly observed in the Great Hall. Here the galleries swing in rococo style down the sidewalls; there is a superabundance of stucco relief decoration in the form of rocaille balustrades, pilasters, and arches; and a host of winged sphinxes, allegories of the continents, and all sorts of medieval creatures adorn the pillars and walls. However, if the decoration is examined in more detail, the aesthetic canon of Art Nouveau makes itself felt for all the realism of the figurative representations. The war-damaged windows, painted with representations of the signs of the zodiac, can only be Art Nouveau. The color palette—featuring a blue dado and, above, ivory with gold highlights as well as yellows trimmed with burgundy accents—give the hall a festive appearance, as did at the time the electric lighting provided by 360 bulbs and four arc lamps.

The Great Hall, which, with its galleries, covered 1,000 square meters and could receive up to 2,800 guests, was supplemented by the Terrace Hall (700 guests) and the Peacock Hall (100 guests), and other social rooms plus the restaurant.

↗ Pfauensaal nach der Umgestaltung 1925/26

Peacock Hall after alterations, 1925/26

mit den Darstellungen der Tierkreiszeichen bemalten, im Krieg zerstörten Fenster darf man ohne Umschweife dem Jugendstil zurechnen. Die Farbpalette – oberhalb der blauen Lamperien Elfenbein mit Goldbemalung, kräftige Gelbtöne, abgesetzt mit bordeauxroten Akzenten – stimmte den Saal festlich, was wohl auch für die elektrische Beleuchtung mit 360 Glühbirnen und vier Bogenlampen gegolten hat.

Der mit Galerien 1000 Quadratmeter messende Große Saal für maximal 2800 Gäste wurde durch den Terrassensaal (700 Gäste) und den Pfauensaal (100 Gäste) sowie weitere Gesellschaftszimmer und die Gaststätte ergänzt.

Das Gesellschaftshaus war mit dem Zoologischen Garten wirtschaftlich eng verbunden, wenngleich sich das Haus im kulturellen, gesellschaftlichen und politischen Leben der Stadt rasch eigenständig etablierte. Vielfältigste Veranstaltungen fanden dort statt: Tanzvergnügen und Folkloreabende, Firmenjubiläen, Kongresse und Privatfeiern, Deutsches Turnfest und Gewerkschaftstreffen, Reichsfeuerwehrtag und Faschingsfeste. Das

The Gesellschaftshaus was, financially speaking, closely linked to the Zoo, although it quickly established itself as an independent force in the cultural, social, and political life of the city. Diverse events took place there: dances and folklore evenings, company anniversaries, conferences and private parties, the German Gymnastics Festival and union meetings, the Imperial Fire Department celebrations and the winter carnival. The Gesellschafthaus was a success story. Only the acoustics of the Great Hall turned out to be unsuitable for the high-class concert trade, so the music on offer was at that time restricted to military music concerts and light entertainment. In 1905 a commercial exhibition was held for the first time. The "Exhibition of Bicycles and Motorcycle Vehicles" was the first trade fair event in the building and a harbinger of later usages.

When the First World War broke out, soldiers were quartered here. Events continued to run, although they changed dramatically in character. The kitchen had to close; the copper kettles and nickel crockery went for recycling in the arms industry. Even the copper roof was

↑
Weißer Saal 1925 mit Blick nach Westen

White Hall in 1925, looking west

Gesellschaftshaus war eine Erfolgsgeschichte. Lediglich die Akustik des Großen Saals stellte sich als für den gehobenen Konzertbetrieb ungeeignet heraus, weshalb das Musikangebot damals über Militärmusikkonzerte und Darbietungen der leichten Muse nicht hinauskam. 1905 wurde erstmals eine gewerbliche Ausstellung abgehalten. Die „Exposition von Fahrrädern und Motorradfahrzeugen“ war die erste Messeveranstaltung im Haus und somit ein Vorbote späterer Nutzungen.

Als der Erste Weltkrieg anbrach, wurden Soldaten einquartiert. Der Veranstaltungsbetrieb lief weiter, wenngleich sich der Charakter der Veranstaltungen drastisch änderte. Die Küche musste schließen; Kupferkessel und Nickelgeschirr wanderten in die Rüstungsindustrie. Sogar das Kupferdachwerk wurde eingezogen und durch verzinktes Blech ersetzt. Einnahmeausfälle und die Soldateska taten ein Übriges. In den vier Jahren wurde das Haus gründlich heruntergewirtschaftet. Die Aktiengesellschaft konnte sich nach dem Krieg nicht erholen und so endete 1920 die Eigenständigkeit. Die Stadt übernahm den Zoo und das Gesellschaftshaus und setzte als

confiscated and replaced by galvanized sheet metal. Revenue losses and the soldiers’ depredations did the rest. During the four years of the war, 1914–18, the building became thoroughly dilapidated. The corporation was unable to recover financially after the war and thus, in 1920, the enterprise lost its independence. The city took over the Zoo and Gesellschaftshaus and appointed a financial director as head of the latter. This proved an inspired idea: it enabled the Gesellschaftshaus to enjoy economic prosperity and steered it through the hyperinflation of the early Weimar period with great skill.

From 1919 onward, the Technische Messe GmbH (Technical Exhibition Inc.) rented out the building on a regular basis for the Spring and Autumn Fairs. There were also—despite the deplorable acoustics—performances of symphony concerts that were sometimes even broadcast. The Gesellschaftshaus performed very efficiently, which enabled urgent and desirable structural improvements to be financed.

In 1925 the extension on the courtyard side was opened: the White Hall. This is unique in Germany thanks to its

29 ↗
Weißer Saal 1925 mit Blick nach Osten

White Hall in 1925, looking east

Leiter des Gesellschaftshauses einen Wirtschaftsdirektor ein. Dieser bewies eine glückliche Hand, brachte das Haus zu wirtschaftlicher Blüte und führte es mit großem Geschick durch die Inflation.
Ab 1919 mietete die Technische Messe GmbH das Haus regelmäßig zur Frühjahrs- und Herbstmesse. Auch gab es – trotz der beklagenswerten Akustik – wieder Sinfoniekonzerte, zum Teil sogar mit Rundfunkübertragung. Die Auslastung des Hauses entwickelte sich erfreulich und ermöglichte die Finanzierung dringlicher und wünschenswerter baulicher Maßnahmen.
1925 konnte der hofseitige Anbau mit dem Weißen Saal eröffnet werden. Seine Ausstattung mit Stuckarbeiten und Leuchten im Stil des Art déco ist in Deutschland einzigartig. Im Jahr darauf wurde der Große Saal renoviert, der Pfauensaal wurde prächtig ausgemalt und die Wandelhalle und die Gesellschaftszimmer erhielten Wand- und Deckengemälde im expressionistischen Stil. So fügte die Zwischenkriegszeit zur eklektischen Stilvielfalt des Gesellschaftshauses weitere Elemente hinzu.

stucco decoration and Art Deco lighting. The following year, the Great Hall was renovated, the Peacock Hall was beautifully redecorated, and the lobby and Assembly Rooms were adorned with wall and ceiling paintings in an expressionist style. So, the interwar period added new elements to the diverse, eclectic style of the Gesellschaftshaus.

# Zeit der Entbehrungen
# A Time of Deprivation

### Die Kriegsverluste und der Wiederaufbau als Veranstaltungs- und Kongresshalle



Die Machtergreifung durch die Nationalsozialisten 1933 brachte für das bis dahin florierende Gesellschaftshaus große Einschnitte mit sich. Viele Veranstaltungen „undeutscher Art" waren nicht mehr genehm. Mit der Vielfalt der politischen Versammlungen während der Weimarer Republik war es zu Ende. Die zahlreichen jüdischen Veranstalter wurden abgewiesen. Vermietungen an NSDAP, SS und Rüstungsbetriebe konnten die Verluste nicht wettmachen. Bei Kriegsbeginn wurde der Große Saal zur Einlagerung von 8000 Tonnen Getreide requiriert – und kurz darauf wieder freigegeben, da er sich dafür als ungeeignet erwies. Die Verhältnisse während des Krieges erschwerten den Veranstaltungsbetrieb immer mehr. Im Dezember 1943 brannte infolge eines Bombenangriffs die Gastwirtschaft. Beim Bombardement im April 1945 schließlich wurde der Große Saal schwer getroffen und die Vorderfront des nördlichen Eingangs zum Einsturz gebracht.

Als die Kriegsschäden in Leipzig bilanziert wurden, stellte man fest, dass der Große Saal des Gesellschaftshauses der einzige war, der sich mit geringem Aufwand rasch wieder aufbauen ließ. Der Rat der Stadt beschloss im

### War Losses and Reconstruction of the Building as Events Forum and Congress Hall

The seizure of power by the National Socialists in 1933 had a severe impact on the hitherto flourishing Gesellschaftshaus. Many events of an "un-German" character were no longer acceptable. Under the Weimar Republic, a great variety of political gatherings could take place, but that time was now over. The numerous Jewish clients were no longer allowed to use it. The building was leased to the Nazi Party and the SS, and used by armaments factories, but this was not enough to make up for the losses. When the war started, the Great Hall was requisitioned for the storage of 8,000 metric tons of grain—but this usage was discontinued shortly thereafter because the Hall proved unsuitable. Wartime conditions made it ever more difficult to use it as an events forum. In December 1943, as a result of a bombing raid, the saloon burned down. Finally, during bombing in April 1945, the Great Hall sustained heavy damage and the front of the northern entrance collapsed.

After the war, when the extent of the damage was assessed, it was discovered that the Great Hall of the Gesellschaftshaus was the only building that could be

ZOO

→
Großer Saal der Kongresshalle 1947, Blickrichtung Süden

Great Hall of the Congress Hall in 1947, south view

Februar 1946, das Gesellschaftshaus wiederherstellen zu lassen, um darin elf Wochen später die erste Nachkriegsmesse abzuhalten. Stadtbaurat Walther Beyer übernahm die Aufgabe und tat beherzt, was ihm zur Ertüchtigung des Großen Saals in bauphysikalischer und akustischer Hinsicht unvermeidlich schien. Denkmalpflege stand nicht auf seiner Agenda, und so beseitigte er vollständig das Stuckdekor, verbreiterte die Ränge und fügte eine abgehängte Kassettendecke ein. Er vergrößerte die Bühne und errichtete ein neues Bühnenhaus. Um die Akustik zu verbessern, wurden die Wände mit schalldämpfenden Oberflächen versehen.

Die Messe konnte stattfinden und nach weiteren drei Monaten wurde das Gebäude als „Kongreßhalle" eingeweiht. Leipzig hatte wieder einen Saal mit einem Fassungsvermögen von 2000 Besuchern. Die Zeitgenossen empfanden diesen als „modern und zweckmäßig". Aus heutiger Sicht hat man ihm eher wenig gestalterische Qualitäten zugeschrieben. Für gestalterische Raffinesse fehlten wohl die Zeit und die Mittel und dem zupackenden Pragmatiker Beyer der künstlerische Genius.

quickly and relatively inexpensively repaired. In February 1946 the City Council decided to restore it, and just eleven weeks later it held its first postwar exhibition. The City Architectural Consultant Walther Beyer took over the task and boldly did whatever seemed necessary to him to strengthen the Great Hall in terms of its structure and acoustics. Historic preservation was not on his agenda, and he completely removed the stucco decoration, broadened the tiers, and inserted a suspended coffered ceiling. He also enlarged and modernized the stage facilities. In order to improve the acoustics, the walls were provided with sound-absorbing surfaces.

The Trade Fair could now take place and, after another three months, the building was reinaugurated as a Congress Hall. Leipzig had another venue with a capacity of 2,000 visitors. Contemporaries deemed it to be "modern and functional." From today's perspective, it has been seen as somewhat lacking in creative qualities. There was probably not enough time or money for any sophistication in design, and the hands-on pragmatist Beyer was no artistic genius.

# Gewandhausorchester und Jugendweihe
# The Gewandhaus Orchestra and Coming-of-Age Celebrations



## Die wechselvolle Geschichte in den Zeiten der DDR

In den ersten Jahren der DDR-Zeit konnte die Kongresshalle an die 1933 unterbrochene Erfolgsgeschichte wieder anknüpfen. Durch die rasche Wiederherstellung des Großen Saals und die anschließende Renovierung der neun weiteren Säle und Gesellschaftszimmer stand der Stadt Leipzig dringend benötigte Saalkapazität zur Verfügung und ein hoher Auslastungsgrad war gegeben.
Zum Beispiel durch das Gewandhausorchester, das durch die Kriegszerstörungen des Gewandhauses seine Spielstätte verloren hatte und zunächst in ein Kino ausweichen musste. Nach einigen Gastspielen bezog man die Kongresshalle als Stammspielstätte. Zufrieden war man freilich nie, denn es fehlten unter anderem Nebenräume und Garderoben. Die Akustik war zwar gut, doch gab es viele Störungen wie knarrende Dielen, Straßenlärm, Trubel in den Fluren sowie Musik aus den Nachbarsälen des intensiv genutzten Hauses. Auch wurde über Geschirrklappern und Küchendüfte geklagt. 1948 wurde eine Orgel eingebaut, an der man auch wenig Freude hatte, weil sie wegen der Staubentwicklung des Veranstaltungsbetriebs zu häufig gereinigt werden musste.

## The Eventful History during the GDR Era

In the early years of the communist era, the Congress Hall was able to resume the success story that had been interrupted in 1933. The rapid restoration of the Great Hall and the subsequent renovation of the nine additional halls and assembly rooms meant that the City of Leipzig now had access to urgently needed venue space, and this was used to the full—not least by the Gewandhaus Orchestra, which had lost its old home, the Gewandhaus (Cloth Hall), in the war and had initially been put up in a cinema. After a few guest performances in the Congress Hall, it moved there as its regular venue. Admittedly, this was never entirely satisfactory because it lacked, among other things, ancillary rooms and lockers. Although the acoustics were good, there were many disturbances from creaking floorboards, street noise, and the hustle and bustle of the hallways, as well as music from the neighboring rooms in this intensively used building. There were also complaints about the sound of clattering dishes and kitchen smells. In 1948 an organ was installed, but it did not give much joy—it needed to be cleaned frequently because of the dust created by the events held in the

Deshalb wurde sie selten gespielt, zuletzt im Oktober 1980. Trotz dieser Widrigkeiten etablierte sich die Kongresshalle als eine der bedeutenden Konzertbühnen der DDR und wurde auch von renommierten auswärtigen Orchestern besucht.

Die bestimmungsgemäße Nutzung eines Denkmals ist zwar die optimale Voraussetzung für die Pflege und Erhaltung, aber keine Garantie für die denkmalgerechte Behandlung des Gebäudes. Da die Kongresshalle des Zoos damals noch nicht als Kulturdenkmal empfunden wurde und auch nicht unter Denkmalschutz stand, entsprach der Umgang mit dem Erbe auch nicht den heute üblichen Standards. Über den Umbau des Großen Saals, der seinen Charakter völlig veränderte, wurde bereits berichtet. Auch die anderen Säle wurden umgestaltet und erhielten zudem andere Namen. Der Terrassensaal wurde mit einer Bühne ausgestattet und in Richard-Wagner-Saal umbenannt. 1948 wurde der Pfauensaal wieder in Betrieb genommen. Er hieß nun Bachsaal und war mit einer neobarocken Ausstattung umdekoriert worden. Ein ähnliches Schicksal ereilte den Weißen

building. So it was rarely used for performances and was played for the last time in October 1980. In spite of these adversities, the Congress Hall established itself as one of the major concert halls of the GDR and was also visited by renowned foreign orchestras.

Although using a monument as it was intended is the optimal prerequisite for its care and maintenance, this does not guarantee that the building will be used in a heritage-friendly way. Since the Congress Hall of the Leipzig Zoo was not at that time perceived as a cultural monument (and was indeed not even listed), it was not treated at the usual standards of today's heritage industry would require. The renovation of the Great Hall, which completely altered its character, has been noted. The other rooms were remodeled and also renamed. The Terrace Hall was equipped with a stage and rechristened the Richard Wagner Hall. In 1948 the Peacock Hall was brought back into operation. Redecorated with neo-baroque features, it was now renamed the Bach Hall. A similar fate befell the White Hall. In the course of the renovation of the Theater der Jungen Welt, its superb

↑
Kurt Sanderling dirigiert das Gewandhausorchester im Großen Saal 1961.

Kurt Sanderling conducts the Gewandhaus Orchestra in the Great Hall in 1961.

Saal. Seine großartige Art-déco-Ausstattung musste im Zuge des Umbaus für das Theater der Jungen Welt einer mediokren Salonarchitektur weichen.

In den 1950er und 1960er Jahren erwies sich der Namenswechsel von Gesellschaftshaus zu Kongresshalle noch nicht als begründet, denn die Mehrzahl der jährlich um die 2000 Veranstaltungen – die Chor- und Orchesterkonzerte, Schlager- und Rockkonzerte, Revuen, Aufführungen verschiedener Theater, Jugendweihen, Abschlussbälle, Betriebsfeiern, Sportveranstaltungen, Modenschauen und dergleichen – waren kultureller und gesellschaftlicher Natur.

Die anfängliche enge Verbindung mit dem Zoologischen Garten löste sich mehr und mehr. Die kommunalisierten Betriebe Zoo und Kongresshalle wurden wirtschaftlich und organisatorisch ohnehin getrennt geführt. Ab 1971 unterstand die Halle der Kulturdirektion Leipzig. Auch die Gaststätten wurden dem Zoo entzogen und 1951 in die Obhut der Handelsorganisation (HO) übergeben. Damit aber begann ein steter Abstieg der einst renommierten Qualitätsgaststätten und ein andauernder, erfolgloser

Art Deco features had to give way to a mediocre Salon architecture.

In the nineteen-fifties and ninteen-sixties the change in name from Gesellschaftshaus to Congress Hall proved somewhat misleading, because the majority of the 2,000 or so events held annually—choral and orchestral concerts, pop and rock concerts, revues, performances of different theatrical types, coming-of-age celebrations for teenagers, high-school graduation proms, sporting events, fashion shows, and the like—were still of a cultural and social nature, rather than being “congresses.”

The initially close association with the Zoological Garden became ever looser. The communal establishments of the Zoo and the Congress Hall were in any case financially and organizationally separate. From 1971 the Hall was managed by the Cultural Affairs department of Leipzig.

The restaurants were taken away from the control of the Zoo and in 1951 passed into the hands of the Trade Organization. But this led to a steady decline in the once renowned high-quality restaurants and a prolonged, unsuccessful struggle on the part of the Zoo’s manage-

↗
Für das Theater der Jungen Welt umgebauter Weißer Saal um 1950

The White Hall converted for the Theater der Jungen Welt in 1950

Kampf der Zoodirektion, auf die Leitung der Gaststätten Einfluss zu nehmen und in den Gasträumen und im Konzertgarten auf Ordnung und Sauberkeit zu dringen.
Als am 8. Oktober 1981 der lang ersehnte Neubau des Gewandhauses am damaligen Karl-Marx-Platz, dem heutigen Augustusplatz, eröffnete, zogen Gewandhausorchester, Rundfunksinfonieorchester und die Chöre aus und das Programm des Kongresszentrums verlor eine der wichtigsten Veranstaltungssparten.
Dafür spielten andere Musikrichtungen eine wachsende Rolle, zum Beispiel Jazz und Folk. Auch die Prinzen traten 1987 hier erstmals auf, damals noch unter dem Namen „Die Herzbuben". Es blieb also bei der intensiven und äußerst vielfältigen Nutzung des Gebäudes, die dazu führte, dass es heute kaum einen Leipziger gibt, der das Haus nicht irgendwann im Rahmen einer Feier oder Unterhaltungsveranstaltung kennengelernt hätte und damit persönliche Erinnerungen verbindet. Die Leipziger Bevölkerung hat eine emotionale Beziehung zu ihrer Kongresshalle entwickelt, vielleicht mehr noch als die Ostberliner damals zum Palast der Republik.

ment to influence the way the restaurants were run, and to impose order and cleanliness on the guest rooms and the concert garden.
When, on October 8, 1981, the new, long-awaited Gewandhaus building opened on the former Karl-Marx-Platz (now the Augustusplatz), the Gewandhaus Orchestra, Radio Symphony Orchestra, and the choirs moved out, and the program of the Congress Center lost one of its main event venues.
Instead, other kinds of music played an increasingly important role, for example jazz and folk. The satirical group of singers "Prinzen" played here for the first time in 1987, though they were still performing under the name "Herzbuben." Thus the building was used in an intensive and extremely varied way, which meant that there was hardly any Leipziger who had not attended some ceremony or show there, thus imbuing it with his or her own personal memories. The Leipziger population had developed an emotional relationship with its Congress Hall, perhaps even more than did the East Berliners with their Palast der Republik (Palace of the Republic).

# Feuer im Saal, Wasser unterm Dach
# Fire in the Hall, Water Under the Roof



**Vernachlässigung, Schließung und neue Hoffnung**

Mitte der 1980er Jahre wurde immer deutlicher, dass das stark frequentierte Haus nur noch auf Verschleiß gefahren wurde. Die meisten Reparaturen blieben aus oder wurden nur provisorisch durchgeführt. Renovierungspläne verschwanden immer wieder in der Schublade. Sämtliche Installationen, vor allem die Elektrik, die sanitären Anlagen, die Heizung, aber auch der Außenputz und die Dachentwässerung waren sanierungsbedürftig und zum Teil nicht einmal mehr funktionsfähig. Von Brandschutz konnte keine Rede sein. Schließlich konnten die Behörden nicht länger alle Augen zudrücken und fortlaufend Sonderbetriebsgenehmigungen aussprechen. Am 12. September 1988 musste aus Sicherheitsgründen der Strom abgedreht werden und das Haus wurde kurzerhand „auf unbestimmte Zeit" geschlossen.

Für das Kulturleben der Stadt war es eine Katastrophe, dass von einem Tag auf den anderen 2000 Veranstaltungen pro Jahr auf andere Lokalitäten ausweichen mussten. Einzig der Weiße Saal konnte vom Theater der Jungen Welt weiter bespielt werden – mit fatalen Folgen allerdings. Denn im Jahr darauf, am 28. August 1989,

**Neglect, Closure, and New Hope**

In the mid nineteen-eighties it became increasingly clear that the heavily used building was inevitably becoming dilapidated. Most repairs were neglected or were only makeshift. Renovation plans continued to languish in drawers. All the fixtures and fittings, particularly the wiring, the plumbing, and the heating, but also the exterior plaster and the roof drainage, were in need of renovation and not always fully functional. There could be no question of adequate fire protection. Finally, the authorities could no longer ignore the situation while continuously issuing special operating licenses. On September 12, 1988, the electricity was switched off for safety reasons and the building was unceremoniously closed, for an "indefinite" term.

For the cultural life of the city, this was a catastrophe: almost overnight, some 2,000 events per year were forced to seek other venues. Only the White Hall was still used by the Theater der Jungen Welt—with dire consequences, however. For the following year, on August 28, 1989, the fire brigade was called out to the Congress Hall. The White Hall was destroyed by fire, though for-

↗
Ensemble des Theaters der Jungen Welt auf der ausgebrannten Bühne des ehemaligen Weißen Saals 1989

Ensemble of the Theater der Jungen Welt on the burnt-out stage of the former White Hall in 1989

wurde die Feuerwehr zur Kongresshalle gerufen. Der Weiße Saal brannte aus, aber glücklicherweise konnte eine Ausweitung des Feuers verhindert werden. Die Ursache des Brandes, dessen Rauchfahne als letztes Fanal vom endgültigen Niedergang des einst stolzen Bauwerks kündete, ist offiziell nie bekannt geworden.

Systembedingt mangelte es in der Endphase der DDR an Finanzmitteln, an Arbeitskräften und an qualifizierten Spezialisten, aber man muss den Verantwortlichen in Leipzig und in Berlin zugutehalten, dass sie nach der Schließung der Kongresshalle unter den prekären allgemeinen Zuständen verhältnismäßig rasch gehandelt haben. Schon im Juli 1989 wurde die schrittweise „Rekonstruktion", wie Sanierungen im DDR-Bauwesen genannt wurden, beschlossen und dafür 40 Millionen Mark der DDR eingestellt. Zielmarken waren jeweils die Termine der Leipziger Messe: für den Großen Saal Frühjahr 1991, für die Gastronomie Frühjahr 1992, für das übrige Gebäude Herbst 1992.

Hoffnung für die Kongresshalle keimte auf, doch im Spätsommer 1989 hegten die Leipziger andere Träume.

tunately the flames were prevented from spreading. The cause of the fire, whose plumes of smoke were like the last beacon signaling the terminal decline of a once-proud building, has never been made officially known.

Due to systemic failings during the final months of the GDR, there was a lack of funds, manpower, and qualified specialists, but it has to be acknowledged that officials in Leipzig and Berlin acted relatively quickly after the closure of the Congress Hall, given the precarious general conditions. Already in July 1989, a gradual "reconstruction" (as renovations were called in the GDR) was decided upon and 40 million GDR marks allocated for this purpose. The deadlines set were the dates of the Leipzig Trade Fair: the Great Hall was to be finished by the spring of 1991, catering facilities by the spring of 1992, and the rest of the building by the fall of 1992.

Hopes for the Congress Hall continued to blossom, but by the late summer of 1989 the Leipzigers were harboring other dreams. They were busy with their peaceful revolution and thus contributed significantly to the historical juncture known as "die Wende," or "The Turn." For

↑
Brandschäden im Theater der Jungen Welt im August 1989

Fire damage in the Theater der Jungen Welt in August 1989

Sie waren mit der friedlichen Revolution beschäftigt und trugen damit maßgeblich zur Wende bei. Für die Kongresshalle bedeutete die Wende, dass die politisch Verantwortlichen aus den Ämtern gefegt wurden oder, wie der neue Oberbürgermeister, mit anderen Entscheidungen beschäftigt waren. Auch das mit der Sanierung beauftragte VEB Kombinat für Baureparaturen und Rekonstruktion gab es nicht mehr, sodass die Bauarbeiten, die mit dem Beräumen begonnen hatten, zunächst einmal vollkommen eingestellt wurden.

Als sich Stadtverwaltung und Kulturamt neu formiert hatten, begannen Überlegungen, wie das Gebäude künftig genutzt und finanziert werden könnte. Städtische Mittel reichten lediglich zur Neueindeckung des halben Dachs und für die Erneuerung der Turmhaube. Ansonsten wurden Finanzierungspläne und verschiedene Investorenmodelle diskutiert, etwa die Kombination mit einem „Hotel am Zoo“ auf dem Nachbargrundstück. Die Stadt wollte neben der Oper, dem Schauspiel- und Gewandhaus keine weitere Kulturinstitution betreiben und suchte nach privaten Investoren.

the Congress Hall, “The Turn” meant that political leaders were swept from office or, as with the new mayor, preoccupied with other matters. Also, the staff responsible for the “People’s Own State Holding Company” for building repairs and reconstruction no longer existed, so that, even though the ground had started to be cleared, construction work was now abandoned for the time being.

When the City Council and Cultural Affairs Department had regrouped, it began considering how the building could be used and funded in the future. Municipal funds would stretch only to renovating half the roof and restoring the cupola. Otherwise, financing plans and various investment models were discussed, such as combining the building with a “Hotel am Zoo” on the neighboring property. The City Council did not want to run any cultural institutions other than the opera house, the theater, and the Gewandhaus, and sought private investors.

In the meantime, the building was made available to the Opera for a trial period until 1997, and charity concerts were put on to raise money for the renovation. The Betrieb für Beschäftigungsförderung (Department for

↗
Nicht nur im Gang vor der Empore des Großen Saals blätterte in den 1990er Jahren der Putz.

In the nineteen-nineties the plaster was flaking off not only in the corridor outside the gallery of the Great Hall.

Zwischenzeitlich wurde das Haus bis 1997 der Oper für Probezwecke zur Verfügung gestellt und erlebte Benefizkonzerte zugunsten der Renovierung. Der Betrieb für Beschäftigungsförderung (BfB) rückte mit 200 Mann ein und entrümpelte das Haus, riss Wände, Dielen und Vertäfelungen heraus, bis Denkmalpfleger 1999 dem unkontrollierten und unqualifizierten Treiben Einhalt geboten und einen generellen Baustopp erwirkten.

Die Diskussion um das Haus ging weiter. Das Naturkundemuseum war als Nutzer ins Gespräch gekommen und wollte mit dem Zoo zusammenarbeiten. Im Jahr 2000 formierte sich eine Bürgerinitiative, dann ein Verein, der sich um Spenden und um eine Versammlung potenzieller Nutzer verdient machte. Die publizistischen Aktivitäten veranlassten den Stadtrat 2002, immerhin die Mittel für die Fassadensanierung zu bewilligen. 2003 zeigte sich das Haus wenigstens von außen mit rekonstruierten Arkaden und Balustraden wieder in schmucker Pracht wie zu den Anfängen um 1900. Der Richard-Wagner-Saal wurde aus der Betreibung der Kongresshalle herausgelöst und im Mai 2003 als Zoorestaurant

Employment Promotion) brought in 200 men and cleared the building, removing walls, floors, and paneling until, in 1999, preservationists curbed this uncontrolled and unskilled activity and imposed a general halt to further work.

Discussion of the building's fate continued. The Natural History Museum had entered discussions as a potential user, with the desire to work with the Zoo. In 2000, a group of volunteers was set up, and then an association who made an outstanding financial contribution, gathering together potential users. Journalists brought the issue to wider public attention, prompting the City Council in 2002 to approve at least the means for renovating the façade. By 2003 the building was as splendid as it had been when first erected in 1900, at least from the outside, with its reconstructed arcades and balustrades. The Richard Wagner Hall was taken away from the control of the Congress Hall and launched in May 2003 as a restaurant for the Zoo. The renovation and restoration were planned by the Haberbeck architectural firm and the Schneider and Küster Office

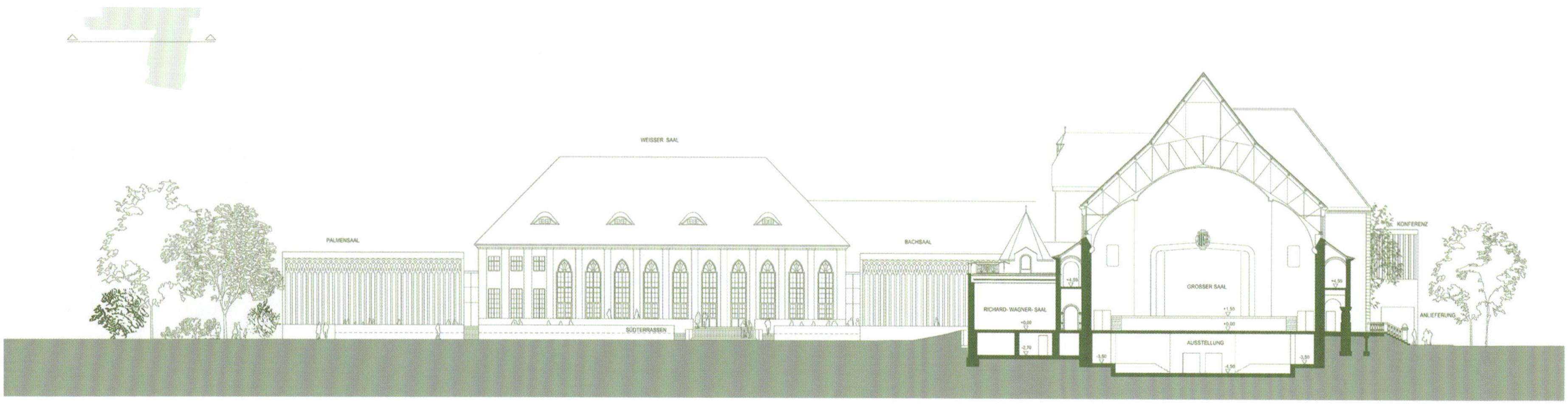


42

↑
HPP, Wettbewerbsentwurf 2009, Querschnitt durch das Hauptgebäude mit Großem Saal

HPP, 2009 competition design, cross-section of the main building with Great Hall

wieder in Betrieb genommen. Die Sanierung und Teilrestauration wurde von dem Architekturbüro Haberbeck und dem Büro für Denkmalpflege Schneider und Küster geplant, die sich auch Gedanken über den Umbau des Großen Saals in diversen Variationen machten. Doch alle Pläne, alle Verhandlungen, die Sonderveranstaltungen und die Nutzung durch das Krystallpalast Varieté, wofür man 2007 kurzerhand das Spiegelzelt des Varietés in den Großen Saal einbaute, brachten den Bau nicht weiter.

Schließlich kam nach mehr als 20 Jahren Verfall, Leerstand und Zwischennutzungen die unerwartete Lösung aus Berlin. Im Zusammenhang mit dem Zweiten Konjunkturpaket, das die Bundesregierung zur Überwindung der 2007 aufgekommenen Finanzkrise im Januar 2009 auf den Weg brachte, sollten auch 78 Millionen Euro nach Leipzig gehen. Mit dem Argument, Leipzig benötige ein Kongresszentrum, da jenes an der Messe zu klein sei, reihte sich auch Oberbürgermeister Burkhard Jung in die Reihen jener ein, die das Konjunkturpaket als einmalige Gelegenheit sahen, die Kongresshalle endlich zu

of Historic Monuments: they also made suggestions, in various guises, for the renovation of the Great Hall. But all the plans, all the negotiations, the special events, and the use of the building by the Krystallpalast Varieté, for which the Mirror Tent of the Varieté was quickly built in the Great Hall, did not lead to further construction.

Finally, after more than twenty years of decline and neglect, broken by only occasional interim uses, an unexpected solution came from Berlin. In connection with the second economic stimulus package, which the Federal Government implemented in January 2009 as a way of dealing with the financial crisis dating back to 2007, 78 million euros were earmarked for Leipzig. Arguing that Leipzig need a convention center because the existing facilities were too small for the Trade Fair, Mayor Burkhard Jung joined the ranks of those who saw the stimulus package as a unique opportunity to renew the Congress Hall—at last. The idea of a designated convention center was not entirely new, but came as a surprise when it was voiced by the Mayor, and presented itself as a compelling objective.

↑
HPP Wettbewerbsentwurf 2009, Ostfassaden

HPP, 2009 competition design, east façades

erneuern. Die Idee eines veritablen Kongresszentrums war zwar nicht ganz neu, kam aber aus dem Mund des Stadtoberen überraschend und bot sich als überzeugende Zielsetzung an.

Da die Stadt als Geldgeber, die Messe Leipzig GmbH als Betreiber und der Freistaat Sachsen als weiterer Förderer einbezogen werden mussten, folgten schwierige Verhandlungen, die im März 2009 in einen Stadtratsbeschluss mündeten. Als Mitfinanzier und kompetenter Bauherr kam die Zoo Leipzig GmbH wieder mit ins Boot, während die Messegesellschaft als Pächter eintrat und die Ausstattung finanzierte. Ein komplexes finanzielles Konstrukt im Umfang von 30 Millionen Euro also, das durch den motivierenden Termindruck der staatlichen Förderung zügig auf die Schiene kam.

Noch im Jahr 2009 wurde das Programm formuliert und konnte ein deutschlandweiter Architektenwettbewerb ausgelobt werden. Um die historische Kongresshalle in ein vollwertiges, konkurrenzfähiges Kongresszentrum umzuwandeln, genügte es nicht, die vorhandenen Räumlichkeiten zu sanieren, technisch zu ertüchtigen

As the City of Leipzig needed to be included as a donor, the Messe Leipzig GmbH as a user, and the Free State of Saxony as a sponsor, there followed difficult negotiations that led to a City Council decision in March 2009. As cofinancier and competent client, Zoo Leipzig GmbH came back on board, while the Trade Fair Corporation came in as a tenant and financed the facilities. This meant a complex financial deal involving a total of 30 million euros: the need to meet the deadline and the pressure of public support for the project led to its success.

The program was formulated in 2009 and a Germanywide architectural competition set up. To convert the historic Congress Hall into a fully functional, competitive convention center, it was not enough to rehabilitate the existing premises, reinforce them structurally, and bring the exhibition and media technology up to date. The existing building was mainly short of space. The aim of the architectural competition was therefore to develop plans for the redevelopment, restructuring, and reorganization of the old building in conjunction with new additional buildings that would do justice to the demands of

↗ HPP Wettbewerbsentwurf 2009, Simulation Terrassen und Nordflügel

HPP, 2009 competition design, simulation terraces and north wing

und ausstellungs- und medientechnisch auf den neusten Stand zu bringen. Dem Bestandsbau fehlte es vor allem an Raumkapazitäten. Ziel des Architektenwettbewerbes war es deshalb, Pläne für die Sanierung, Umstrukturierung und Neuorganisation des Altbaus in Verbindung mit neuen Ergänzungsbauten zu finden, die sowohl den denkmalpflegerischen Belangen gerecht werden, als auch funktional und architektonisch zu überzeugen vermögen.

Den Wettbewerb konnte das Leipziger Büro von HPP Hentrich-Petschnigg & Partner für sich entscheiden. HPP hatte in der Messestadt bereits unter anderem das Bauwenshaus am Burgplatz, das Center am Torgauer Platz, das Haus des Buches (mit Angela Wandelt) und den Petersbogen realisiert. Auch für den Zoo ist das Büro bereits tätig gewesen, denn es hat 2004 und 2011 die Pläne für die beiden Parkhäuser an der Pfaffendorfer Straße geliefert. Am 10. Oktober 2009 war der Wettbewerb juriert worden, am 1. Januar 2010 war Planungsbeginn und Ende Juli 2010 starteten die Baumaßnahmen.

historical preservation as well as being functionally and architecturally convincing.

The competition was won by the Leipzig office of HPP Hentrich-Petschnigg & Partners. In the Trade Fair district, HPP had already built the Bauwenshaus on Burgplatz, the Center on Torgauer Platz, the Haus des Buches (Book Center)—the latter with Angela Wandelt—and the Petersbogen shopping mall. The architects had also been working on the Zoo: in 2004 and 2011 they delivered the plans for the first Zoo parking lot on the Pfaffendorfer Strasse (for this they received several architectural awards). In the second of the two parking lots, completed in 2011, there was sufficient space for Congress Hall visitors as well.

On October 10, 2009 the competition for the Congress Hall was adjudicated; planning began on January 1, 2010, and construction work had started by the end of July 2010.

# Die große Lösung
# The Grand Solution



→
Große Baustelle im Großen Saal. Der Boden des EXPO-Ausstellungssaals im Untergeschoss ist bereits eingebracht, Bühnenportal und Decke von 1946 sind noch nicht abgebrochen.

Large construction site in the Great Hall. The floor of the EXPO Exhibition Hall in the basement has already been laid, the proscenium arch and ceiling from 1946 have not yet been torn down.

**Sanierung und Neubau durch HPP Architekten**

Drei wesentliche Maßnahmen zeichneten den Entwurf von HPP für die Erweiterung der Kongresshalle zum Kongresszentrum, nunmehr offiziell „Kongresshalle am Zoo Leipzig" genannt, aus: Einen dringend notwendigen Ausstellungssaal konnten die Architekten unter dem Großen Saal unterbringen. Den Richard-Wagner-Saal befreiten sie von seiner gastronomischen Funktion, indem sie ein neues Restaurant an der Westseite, also zum Zoo hin, anfügten: den Palmensaal. Und sie errichteten einen neuen Nordflügel, der sich zur Pfaffendorfer Straße hin prominent im Stadtbild präsentiert. Er steht zwischen der historischen Kongresshalle und einem benachbarten Zoobetriebsgebäude. Da er an die Bebauungslinie der Straße herantritt und mit seiner Kubatur und Gestaltung die Architektursprache der nördlichen Nachbargebäude spricht, bildet er mit diesen ein erkennbares Ensemble. An die alte Kongresshalle ist er mit einem dunkel gehaltenen Glaskörper unauffällig angedockt und belässt ihr auf diese Weise ihre ursprüngliche Wirkung als Solitär.

Das hohe Erdgeschoss des Nordflügels ist ein stereometrischer, ungegliederter Sichtbetonbau, der durch ein

**Renovation and New Buildings Designed by HPP Architects**

Three key measures distinguished HPP's plans for the expansion of the Congress Hall, designed to make it into a proper convention center, now officially called "Congress Hall at Leipzig Zoo." First, the architects managed to find room for a much needed exhibition hall in the Great Hall. The Richard Wagner Hall was liberated from its gastronomic function when they added a new restaurant on the west side, close to the Zoo, known as the "Palm Room." And they built a new north wing, which stands out as a prominent part of the cityscape near the Pfaffendorfer Strasse. It stands between the historic Congress Hall and the adjacent Zoo headquarters. It forms a recognizable ensemble with the adjacent line of buildings along the road and, with its cubic design and overall shape, speaks the architectural language of the neighboring block just to the north. It is yoked inconspicuously to the old Congress Hall via a dark glass structure, so that the Congress Hall preserves its original effect as a freestanding building.

The raised ground floor of the north wing is a stereometric, unsegmented, exposed concrete structure that, with

↑
Die 1999 in der Wandelhalle freigelegten Deckengemälde aus der Zeit um 1928 wurden gesichert.

The ceiling paintings exposed in the lobby in 1999, from c. 1928, were secured.

großes graues Einfahrttor zu erkennen gibt, dass er als Anlieferbereich des Kongresszentrums dient. Bündig obenauf sitzt der Mahlersaal, ein Kubus aus Weißbeton mit umlaufenden seriellen Fensterschlitzen. Mit seiner strengen, präzisen Kubatur setzt er sich vom Altbau deutlich ab und behauptet Eigenständigkeit.
Anders als der Ursprungsbau von 1900, der die Säle in einem als Gesamtform gestalteten Baukörper einschließt, folgt der Nordflügel dem additiven Kompositionsprinzip. Die neuen Säle sind als Baukörper ablesbar positioniert und durch dazwischen „fließende" Foyerflächen miteinander verbunden. Der Bachsaal und der Weiße Saal, ebenfalls als Einzelbaukörper auftretend, sowie der neue Palmensaal sind in dieses Prinzip einbezogen. So gelang es, mit Telemann-, Händel- und Palmensaal sowie im Obergeschoss mit Mahlersaal und Schumannsaal noch fünf neue Säle zu platzieren und damit die Kapazität des Kongresszentrums auf insgesamt 14 Säle von 90 bis 1000 Quadratmeter Fläche und Sitzplatzangeboten von 80 bis knapp 1200 Personen zu erweitern. Selbstverständlich sind bis auf das

its large gray entrance gate, indicates clearly that it is the delivery spot for the convention center. Flush on top sits the Mahler Hall, a cube made of white concrete with circumferential serial window slits. With its strict, precise cubature, it is clearly differentiated from the old building, and asserts its own autonomy.
Unlike the original building of 1900, where the halls were part of an overall ensemble, the north wing follows the additive composition principle. The new halls are legibly positioned as building elements and interconnected by intervening "flowing" foyer areas. The Bach Hall and the White Hall, also appearing as single buildings, together with the new Palm Court, are all included in this principle. Thus it was possible, with the Telemann, Handel, and Palm halls, and the Mahler and Schumann halls upstairs, to create five new halls and thus extend the capacity of the Congress Center to fourteen halls of between ninety and 1,000 square meters, and seating for between eighty and just under 1,200 people. Of course, apart from the restaurant and the Great Hall, all the halls can be darkened, have partly mobile control booths available, and

49 ↗
Restauratorische Befundsicherung im Bereich des Treppenhauses

Restoration and preservation in the stairwell

Restaurant und den Großen Saal alle Säle verdunkelbar, haben – teils mobile – Regieplätze und sind mit moderner Präsentations- und Veranstaltungstechnik ausgerüstet.

Der Baukörper der historischen Kongresshalle blieb unangetastet. Schon im Vorfeld war damit begonnen worden, die bauzeitliche Version des Gebäudes denkmalpflegerisch zu rekonstruieren. Diese Arbeiten wurden nun zu Ende gebracht. Das betraf zum Beispiel die Entfernung der Fenstereinbauten in den Arkaden entlang der Pfaffendorfer Straße und die Rekonstruktion der Balustraden der vorgelagerten Terrasse.

Viel Diskussionsbedarf gab es im Inneren, wo mehrere Zeitschichten anzutreffen waren, wo häufig umgebaut worden war und wo es zuletzt bei der Beräumung herbe Verluste an Originalsubstanz gegeben hatte. In jedem Raum musste vom Restaurator geprüft werden, welche Befunde erhalten sind und entschieden werden, welche Zeitschicht erhalten oder rekonstruiert werden sollte: die bauzeitliche von 1900, jene aus den 1920er Jahren oder die der Nachkriegszeit. Schon nach dem Eintreten durch

are equipped with all the necessary modern technology for presentations and events.

The building of the historic Congress Hall remained untouched. Even in the preliminary stages, work had started to reconstruct the original version of the building in a heritage-friendly style. This work has now been completed. It involved, for example, the removal of the window fittings in the arcades along the Pfaffendorfer Strasse and the reconstruction of the balustrades on the terrace in front.

There was much discussion about the interior, where several chronological layers coexisted: here there had been frequent rebuilding, and the original substance had been badly damaged during clearing. In every room a restorer had to examine which features should be preserved and decide which strata should be preserved or reconstructed: the original ones from 1900, those of the nineteen-twenties, or those of the postwar period.

As soon as the visitor has entered through the main entrance into the lobby, the overall style becomes clear. Only a few of the color features from the Art Nouveau

↑
Erhalten gebliebene Türen wurden aufgearbeitet und wieder eingesetzt.

Preserved doors were reworked and reinserted.

den Haupteingang in die Wandelhalle wird die Thematik deutlich. Nur wenige Farbbefunde aus der Jugendstilzeit sind aufgedeckt und restauriert worden. Vor allem in den für den Zoo so erfolgreichen 1920er Jahren konnte der Bau vorgerichtet werden und erhielten die Wandelhalle und die Gesellschaftsräume flächendeckende Wand- und Deckengemälde. Vom Restaurator freigelegte expressionistische Deckenmalereien und Art-déco-Wandbemalungen aus jener Zeit, meist von der Hand des Dekorationsmalers Emil Block, wurden gesichert und wieder übermalt, denn die Denkmalpfleger strebten eine einheitliche Wirkung von Foyer und Großem Saal an. An der Haupttreppe fanden sich unter der jüngeren Verkleidung die originalen eisernen Treppengeländer, die aufgearbeitet werden konnten.
Kopfzerbrechen bereitete die Positionierung eines Aufzugs. Um die relevanten Räume in allen Geschossen bedienen zu können, musste er im Foyer an zentraler Stelle eingebaut werden. Damit er den Raumeindruck nicht mehr als unvermeidbar stört, ist der Aufzug als weitgehend gläserne Konstruktion ausgeführt worden.

period have been uncovered and restored. In particular, in the nineteen-twenties—which had been so successful for the Zoo—the building had been blocked out, and the walls and ceilings of the lobby and lounges were painted. The restorer uncovered the expressionist painted ceilings and Art Deco murals of that period, mostly by the decorative painter Emil Block: these were secured and painted over again, since the preservationists desired a uniform effect in the foyer and Great Hall. On the main staircase, hidden under more recent work, the original iron banisters were uncovered and restored.
The positioning of an elevator was a real headache. In order to serve the relevant areas on all floors, it had to be installed at a central location in the foyer. So as not to lessen the impression of space more than was absolutely necessary, it was designed as a mainly glass construction.
A great deal of effort was involved across several areas—planning, restoration, construction, artistic effect, and organization—to create a competitive "Congress Hall at Leipzig Zoo" out of the ailing, outdated Congress Hall

51

↗
Das bauzeitliche Treppengeländer war unter einer Verkleidung erhalten geblieben und wurde restauriert.

The original banister had been preserved under paneling and was restored.

↗↗
Treppenhaus im Hauptgebäude während der Sanierung

Staircase in the main building during renovation

Vielfältigste planerische, restauratorische, konstruktive, künstlerische und organisatorische Anstrengungen waren notwendig, um aus der maroden, aus DDR-Zeiten überkommenen Kongresshalle die konkurrenzfähige „Kongresshalle am Zoo Leipzig" zu machen – eine neue Marke, eine interessante und funktionierende Mischung aus Bestand und Neubau, aus Nostalgie und Hightech, mit dem Alleinstellungsmerkmal „einziges modernes Kongresszentrum Deutschlands in historischem Ambiente". Ein Ambiente, das nachfolgend im Einzelnen betrachtet werden soll.

inherited from the GDR era: a new brand, an interesting and functional mixture of existing and new buildings, of nostalgia and high-tech, with the unique selling point that this was the "only modern congress center in Germany with a historic ambience." This ambience will be considered in more detail below.

**Grundriss 1. Untergeschoss**
**Lower ground floor plan**

**1** Ausstellungssaal EXPO
EXPO Exhibition Hall

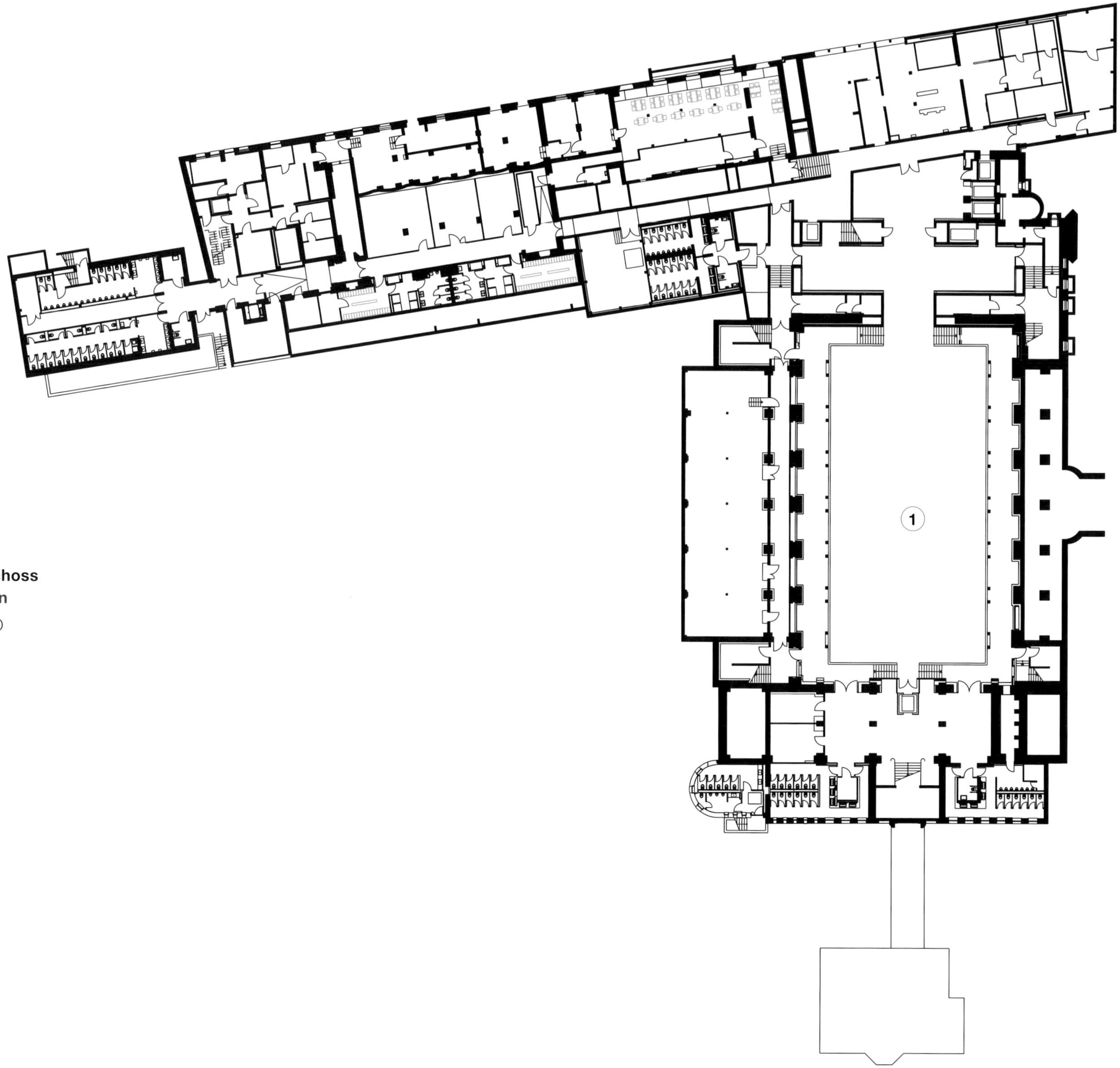

53

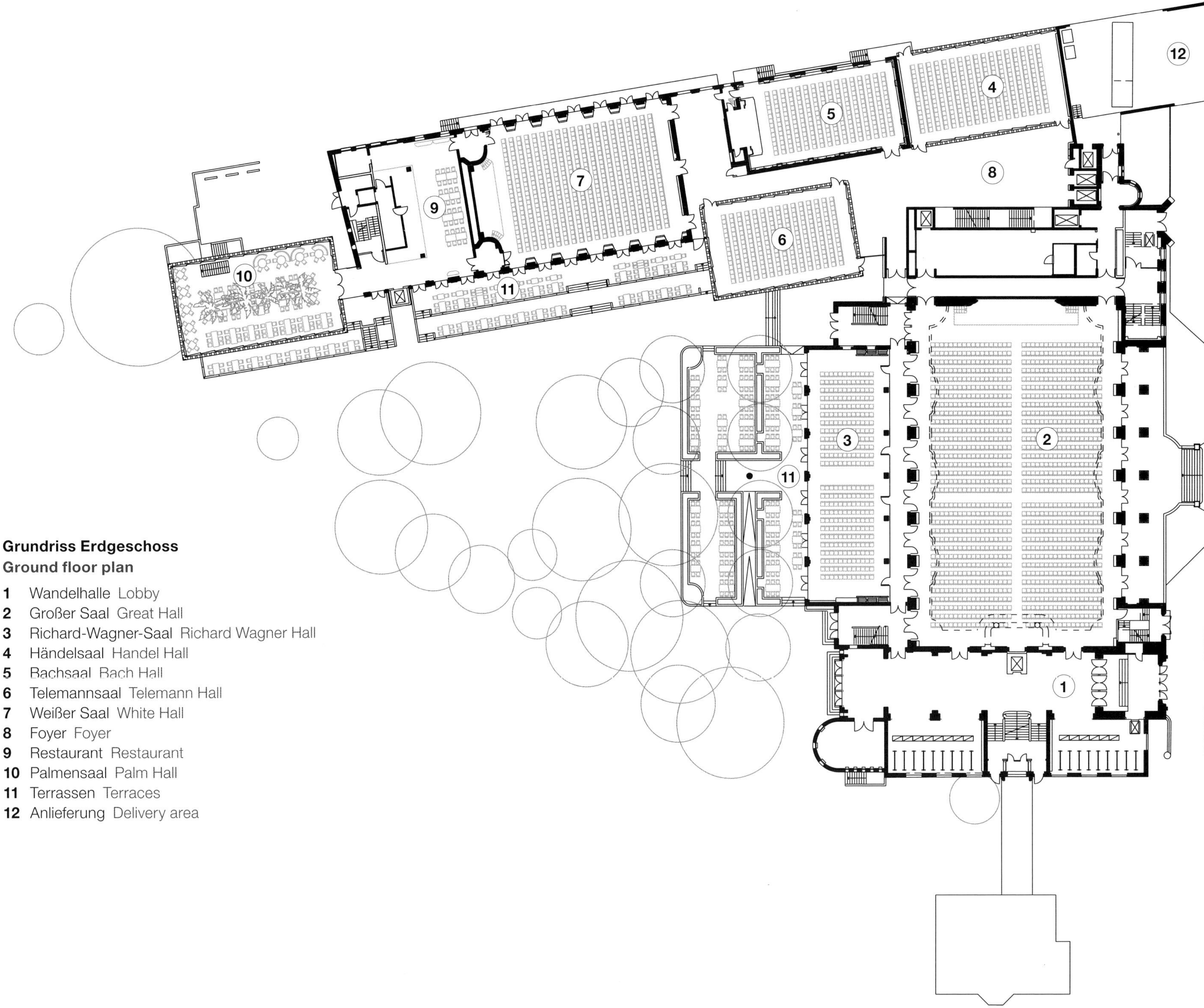

**Grundriss Erdgeschoss**
**Ground floor plan**

1. Wandelhalle Lobby
2. Großer Saal Great Hall
3. Richard-Wagner-Saal Richard Wagner Hall
4. Händelsaal Handel Hall
5. Bachsaal Bach Hall
6. Telemannsaal Telemann Hall
7. Weißer Saal White Hall
8. Foyer Foyer
9. Restaurant Restaurant
10. Palmensaal Palm Hall
11. Terrassen Terraces
12. Anlieferung Delivery area

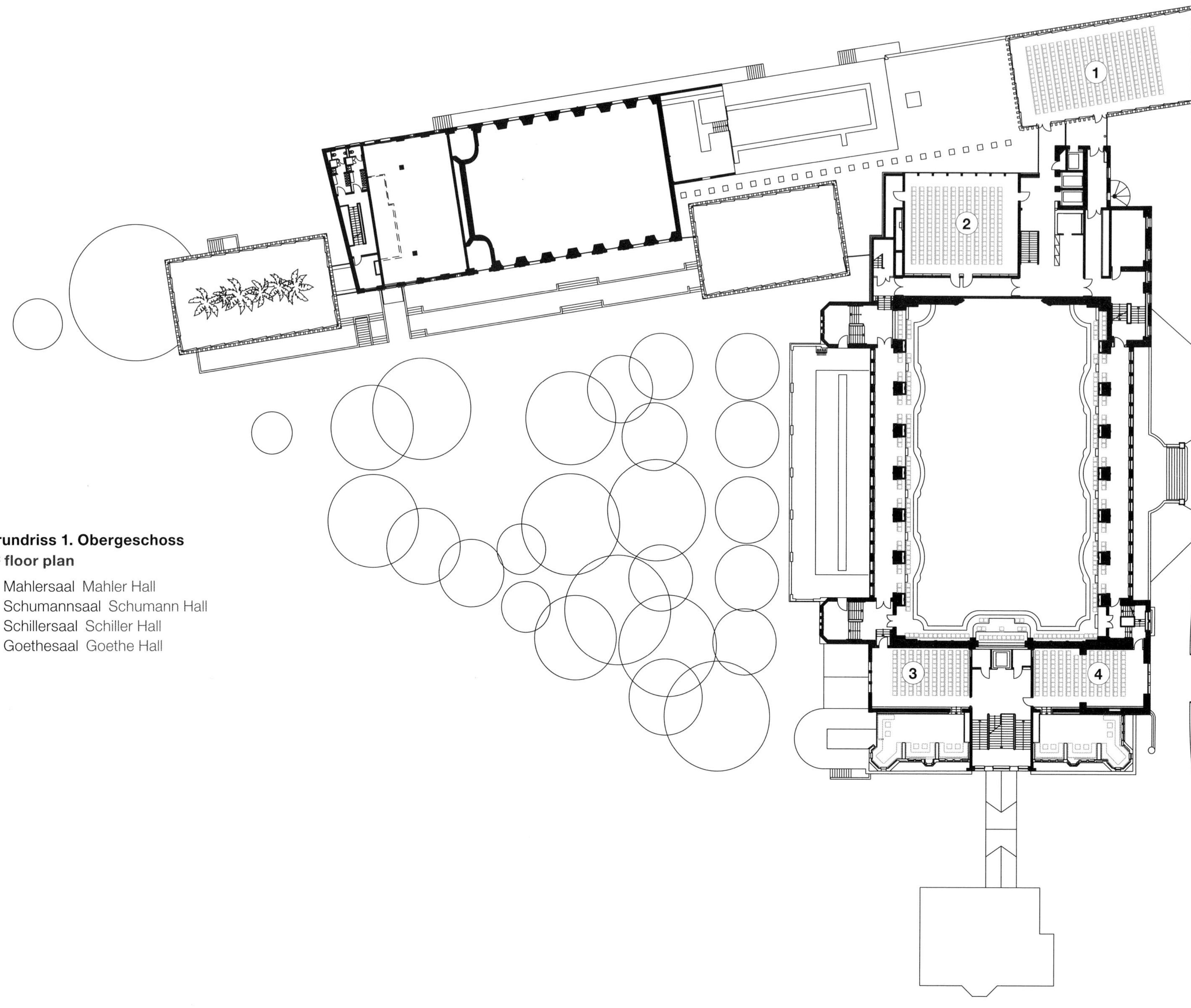


54

**Grundriss 1. Obergeschoss**
**1st floor plan**

**1** Mahlersaal Mahler Hall
**2** Schumannsaal Schumann Hall
**3** Schillersaal Schiller Hall
**4** Goethesaal Goethe Hall

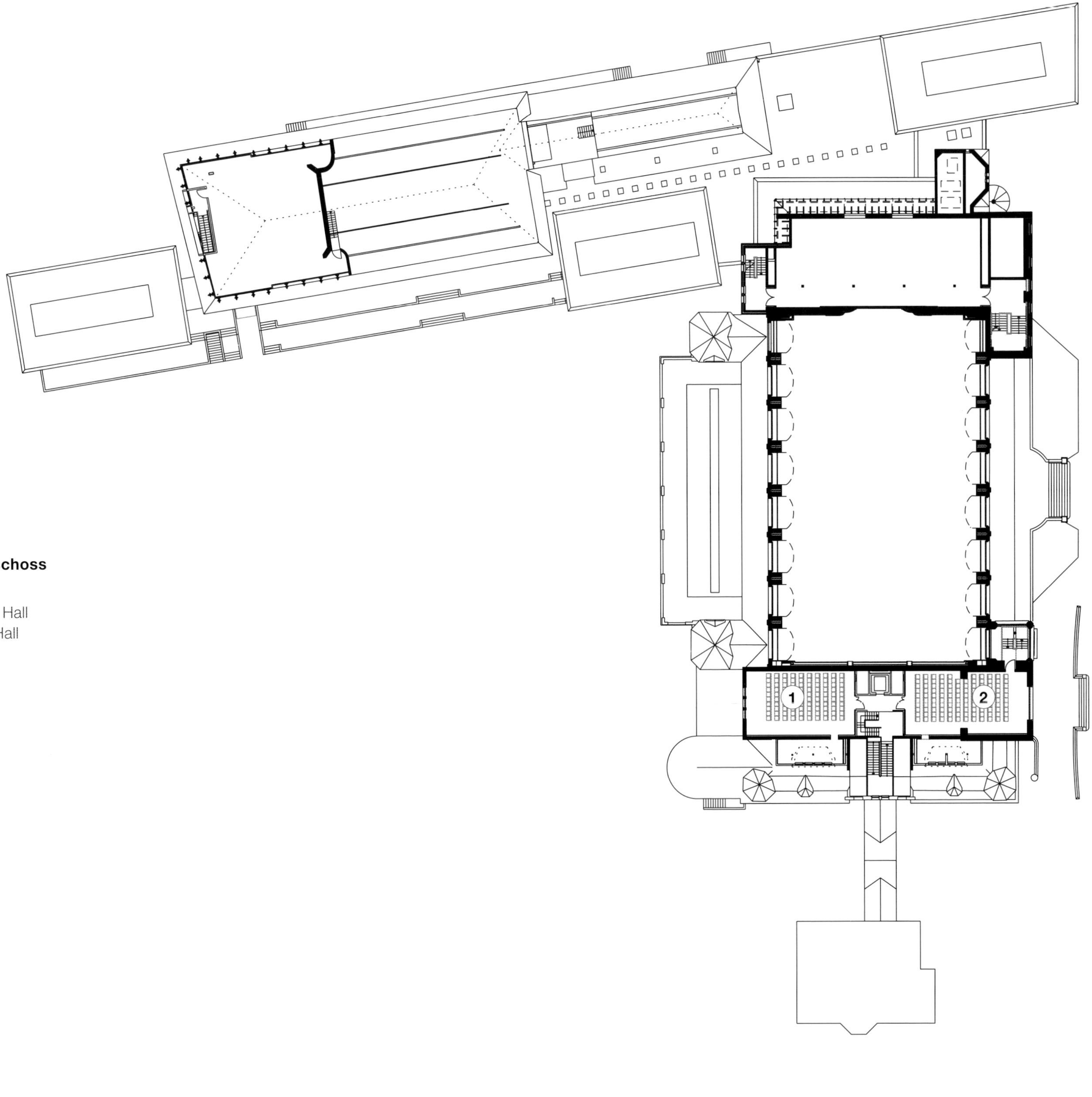


55

**Grundriss 2. Obergeschoss**
**2nd floor plan**

**1** Lessingsaal Lessing Hall
**2** Leibnizsaal Leibniz Hall

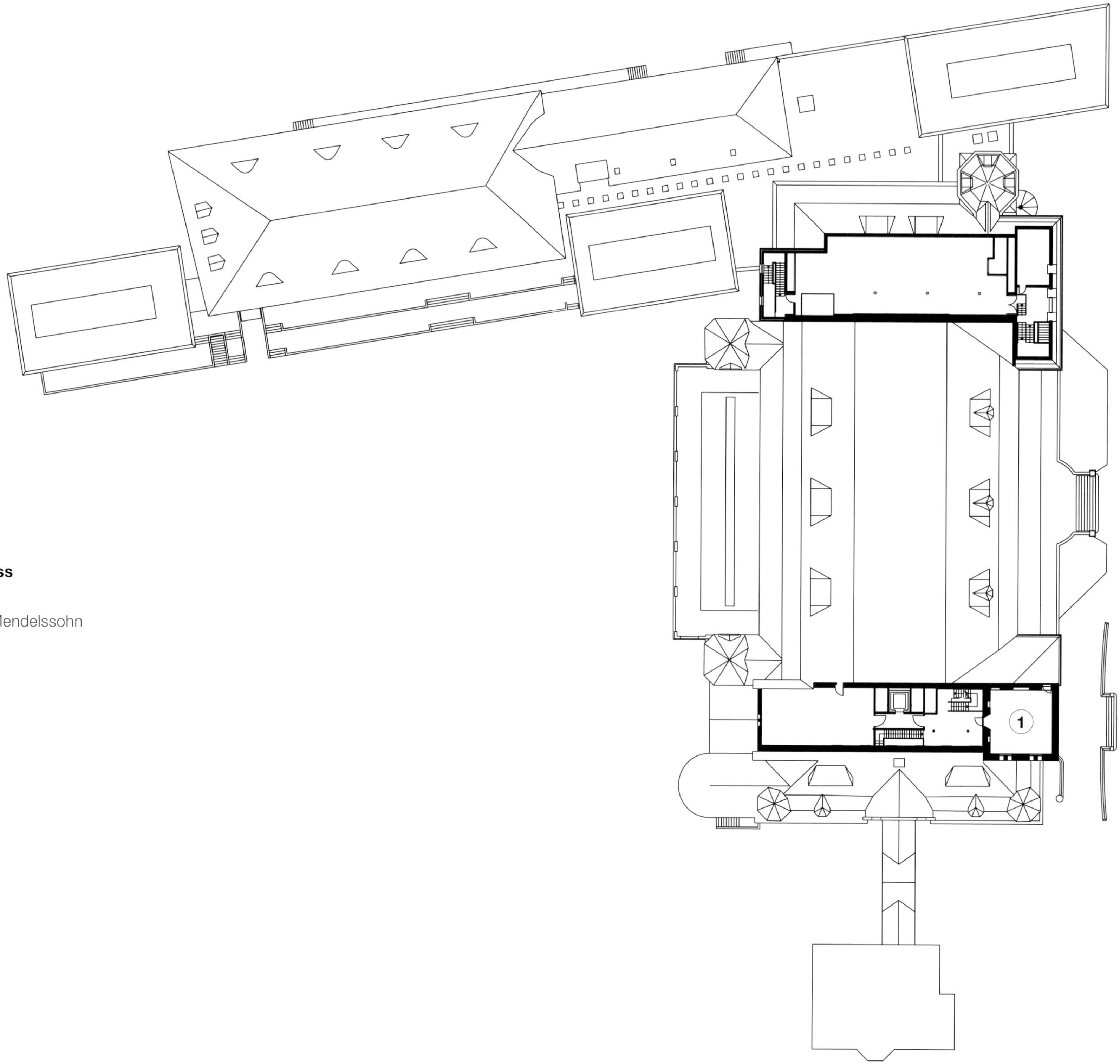


56 **Grundriss Dachgeschoss**
**Top floor plan**

**1** Mendelssohnzimmer Mendelssohn Room

57 **Grundriss Turmgeschoss**
**Tower floor plan**

**1** Basteizimmer Bastion Room

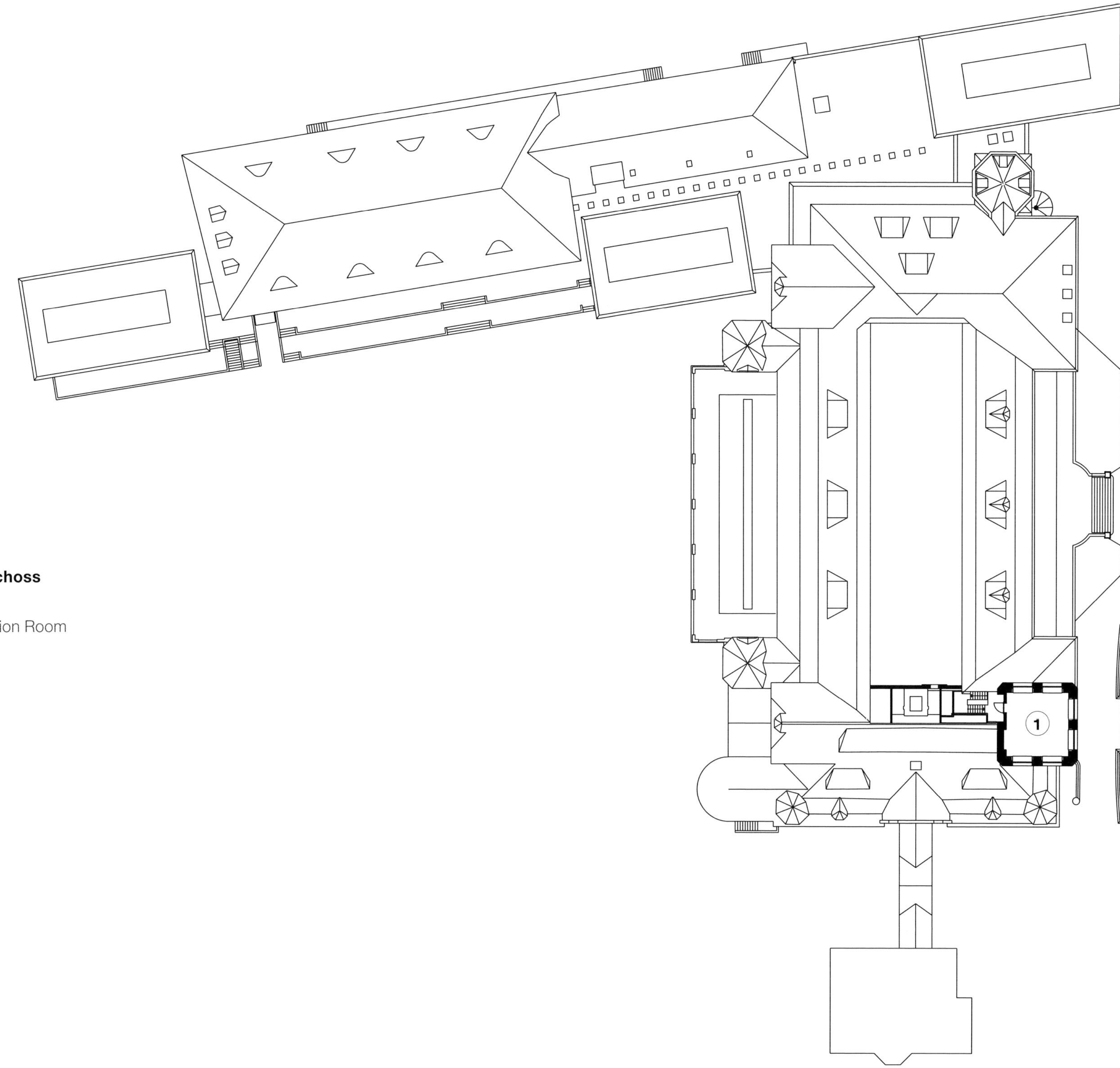

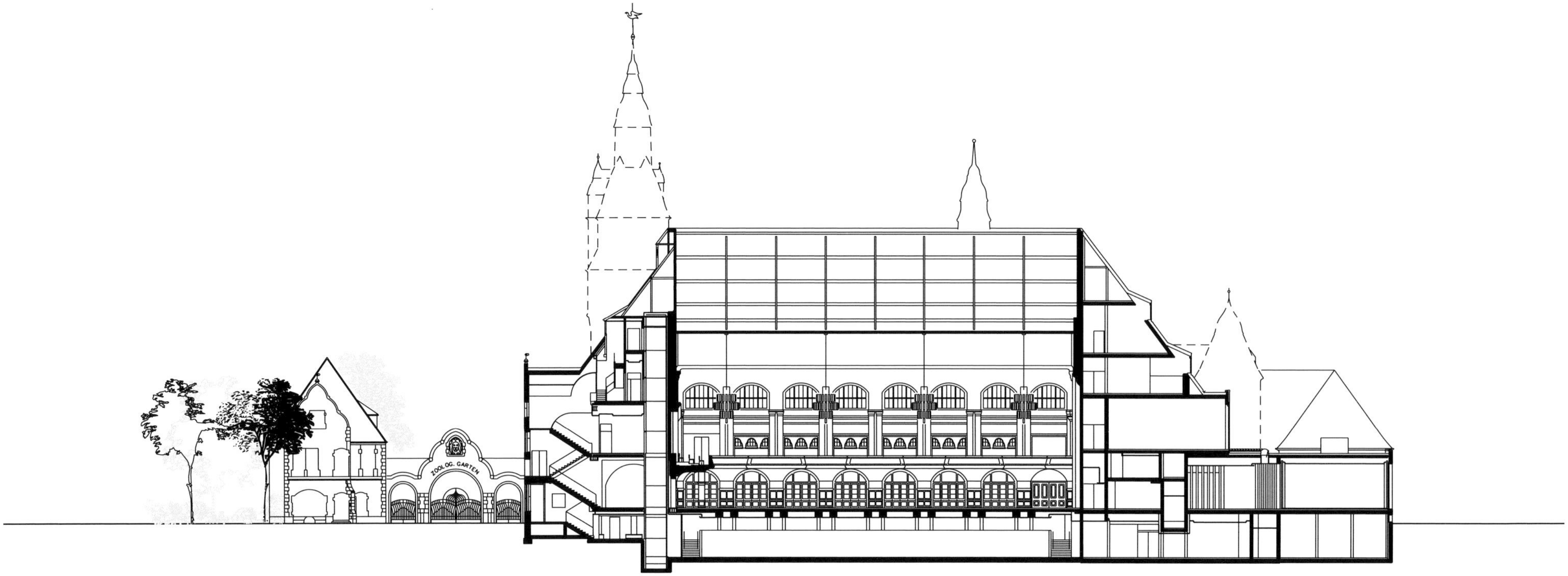



↑
Längsschnitt Großer Saal, Blickrichtung West

Longitudinal section Great Hall, looking west

↓
Querschnitt Großer Saal, Blickrichtung Nord

Cross-section Great Hall, looking north

↓
Querschnitt Wandelhalle und Dichtersäle, Blickrichtung Süd

Cross-section lobby and Poet Rooms, looking south

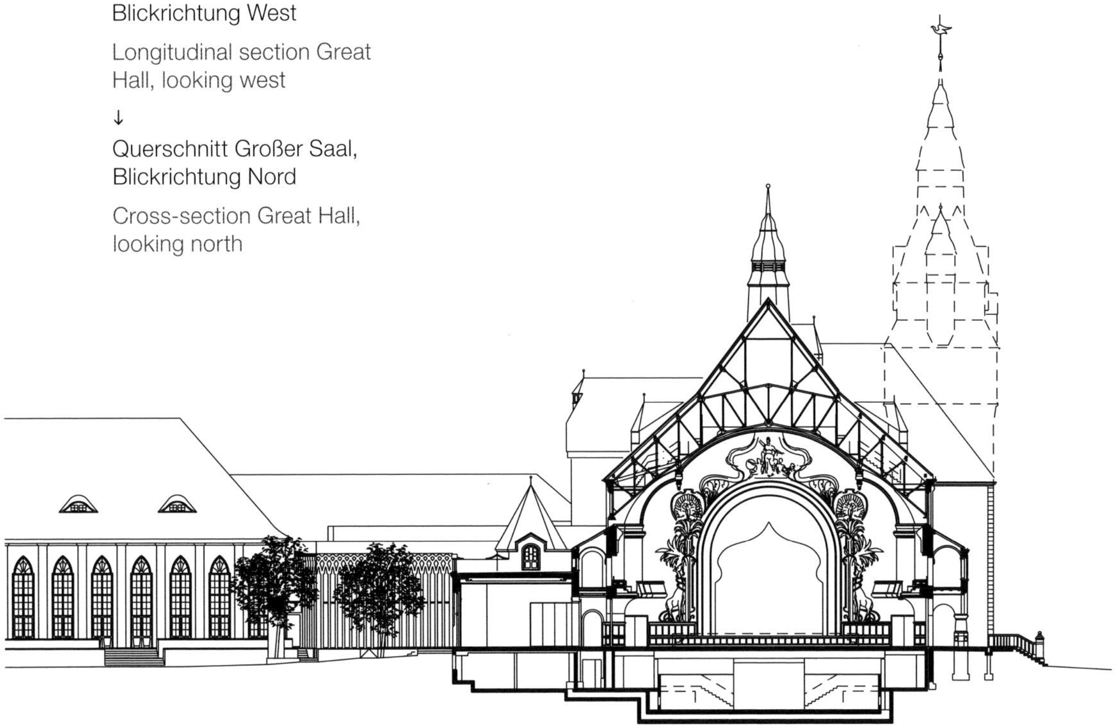

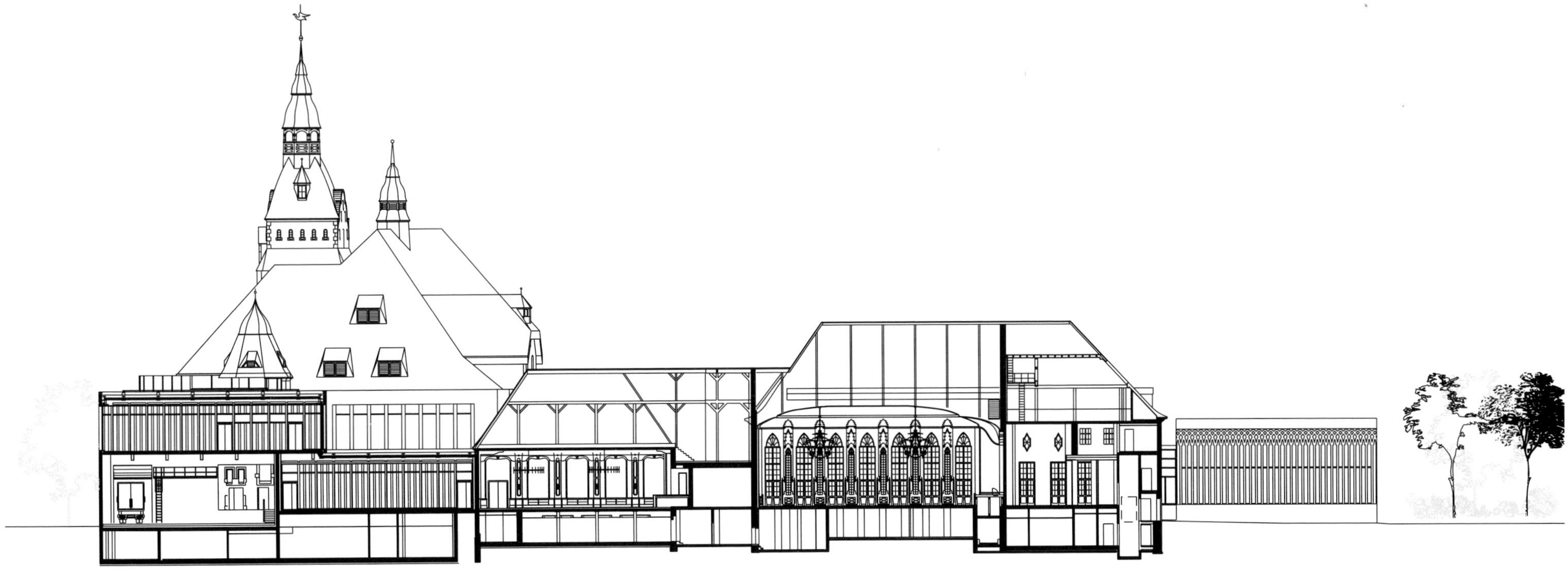

59

↑
Längsschnitt Nordflügel, Blickrichtung Süd

Longitudinal section north wing, looking south

↓
Querschnitt Wandelhalle und Dichtersäle, Blickrichtung Nord

Cross-section lobby and Poet Rooms, looking north

# Alter Charme und neuer Glanz
# Old Charm and Renewed Splendor

62

↗
Wandelhalle in der Fassung von 1948 mit verkleideten Treppengeländern

The lobby in the 1948 version, with paneled banisters

→
Die Kandelaber am Treppenanlauf wurden nach Originalfotos neu gezeichnet.

The candelabra over the foot of the stairs were recreated from the original photos.

→→
Restaurierte historische Ausstattung und neue Zutaten ergänzen sich in der Wandelhalle.

Restored historical fittings and additional features complement one another in the lobby.

### Wandelhalle

Im Unterschied zu den Sälen konnten in der Wandelhalle vor dem Großen Saal und im Haupttreppenhaus an vielen Stellen Befunde der originalen Wanddekorationen oder späterer Bemalungen freigelegt werden. Sie dienten zum Teil als Vorlage für die Vervollständigung an anderen Wandteilen. Die originalen Treppengeländer waren glücklicherweise hinter späteren Verkleidungen in situ wiederentdeckt worden und konnten aufgearbeitet und ergänzt werden. Kronleuchter und gläserner Aufzugschacht sind bewusst modern gestaltete Zutaten.

### Lobby

In contrast to the other rooms, much of the original decoration and the later paintings in the lobby in front of the Great Hall and in the main staircase were uncovered. They served in part as the basis for the completion of other parts of the walls. Luckily, the original banisters had been rediscovered in situ behind later panels and could be restored and extended. The chandeliers and glass elevator shaft are deliberately modern-style additions.

Lessing-Saal
Goethe-Saal
Schumann-Saal
Händel-Saal

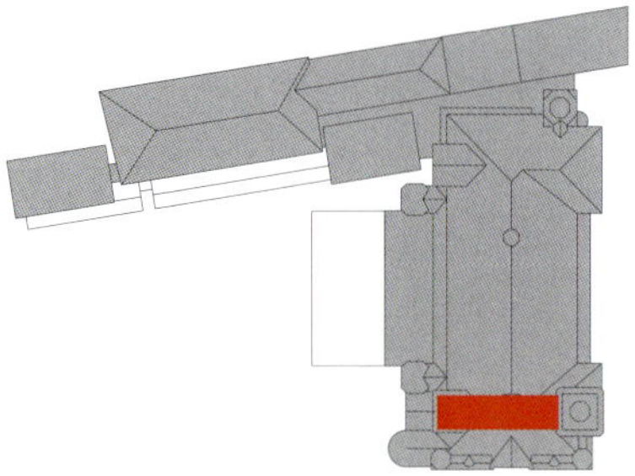

↗
Türen wurden aufgearbeitet oder neu gebaut, fehlende Spiegel wurden ergänzt.

Doors were repaired or newly built, missing mirrors were added.

→
Die nachgebauten Türen vereinen die sorgfältige Rekonstruktion der historischen Profile und Formen mit moderner Technik (Bestand schwarz, Neubau rot).

The replica doors combine the careful reconstruction of historical forms and shapes with modern technology (existing work in black, new in red).

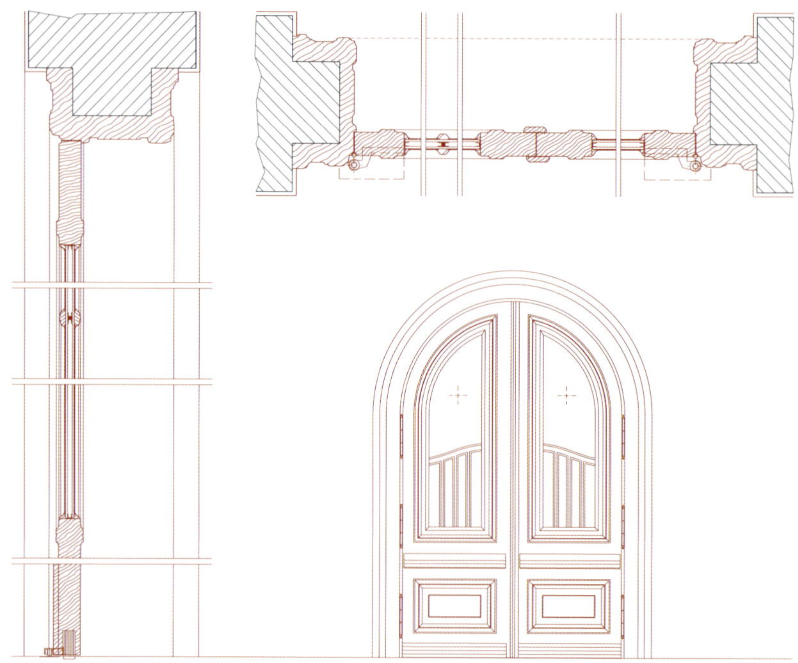

↑

Jugendstildekor in der Wandelhalle nach dem Muster der Originalbefunde

Art Nouveau décor in the lobby based on the original designs

→

Die eiserne Treppenkonstruktion und die schmiedeeisernen Schmuckgeländer wurden freigelegt und aufgearbeitet.

The iron staircase structure and the wrought-iron decorative railings were exposed and renovated.

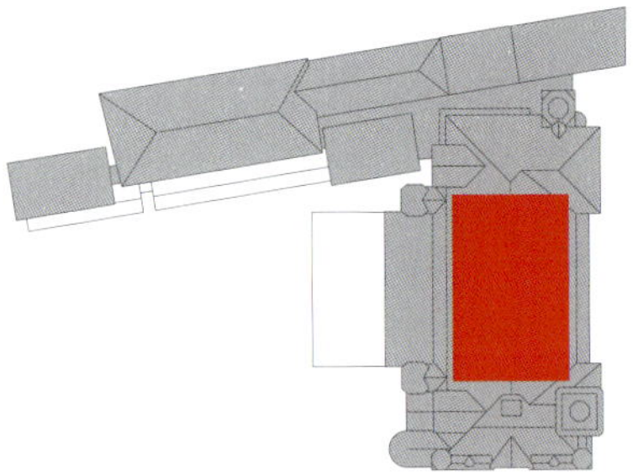

## Großer Saal

## Great Hall

66

↗
Der Große Saal in seiner Fassung von 1946

The Great Hall in the 1946 version

In seiner Fassung von 1946 war der Große Saal nicht gerade eine Sehenswürdigkeit. Man hatte damals bei der Behebung von Kriegsschäden und der Wiedereinrichtung das originale Tonnengewölbe mit einer Kassettendecke abgehängt, vor allem um die mangelhafte Akustik zu verbessern. Auch wurden die Galerien erheblich vergrößert, um das Fassungsvermögen zu erhöhen. Und schließlich entfernte man den reichen Jugendstilstuckzierrat – ein Vorgehen, das aus heutiger Sicht kaum nachvollziehbar ist.

Da die Nachkriegsfassung also nicht so hoch einzuschätzen war, fiel der Entschluss, den Saal weitestgehend in seinen Originalzustand der Jugendstilzeit zurückzubauen. Die unter dem eisernen Dachstuhl abgehängte Tonnendecke war über der abzubrechenden Kassettendecke noch vorhanden und konnte konstruktiv ertüchtigt werden. Frischluftwerfer wurden in die Decke eingebaut, die Leuchten in den Unterzug unter dem Gewölbeknick integriert. Die geschwungenen Seiten- und Mittelemporen sind wieder in der alten Form mit den barock gebauchten Brüstungen und den Gewöl-

In its 1946 version, the Great Hall was not exactly a tourist site. At that time, as war damage was removed and the hall reequipped, the original barrel vault had been provided with a coffered ceiling, mainly to improve the poor acoustics. The galleries were significantly expanded, too, in order to increase capacity. And, finally, the rich Art Nouveau decoration was stripped away—an approach that is difficult to understand from today's perspective.

Since the postwar version was not held in much esteem, the decision was taken to largely restore the hall back to its original state in the Art Nouveau period. The barrel vault suspended under the iron roof truss, over the coffered ceiling that was to be removed, still existed and could be upgraded constructively. Ventilation was installed in the ceiling, and lighting integrated in the ceiling joist under the arch bend.

The curved side lofts and center lofts were recreated in the old form with the baroque bulging balustrades and the vault caps in the window arches. They have kept their earlier forms, but, without the rich stucco, the elements of the whitewashed hall look much more sober: for finan-

↑↗
Großer Saal nach 1900 und in seiner rekonstruierten Fassung 2015

The Great Hall after 1900 and in its reconstructed version in 2015

bekappen in den Fensterbögen nachgebaut worden. Sie besitzen zwar die früheren Formen, doch ohne die reiche Stuckierung wirken die Elemente des weiß gestrichenen Saals wesentlich nüchterner. Denn von der Stuckfassung des Saales aus der Entstehungszeit konnte aus finanziellen Gründen nur die Stirnseite mit dem Bühnenportal, den Giraffen, dem Palmendekor und dem Kastanienlaubwerk, rekonstruiert werden. Der reiche vegetabile Schmuck der Seitenwände und Fensternischen mit den Allegorien der Erdteile, mit Elefantenköpfen, Papageien, Drachen und Sphingen muss Geschichte bleiben. Rekonstruiert wurden dagegen auch die Lamperien, die Holzverkleidungen der Wandsockel. Wie die Fenster in einem hellen Blau gestrichen, bilden sie einen starken Farbkontrast zu den weißen Wänden.

Früher konnte der Saal mit einem der größten elastischen Tanzböden aufwarten. Doch dieser war verschlissen und die Unterkonstruktion wegen Brandgefahr nicht mehr tragbar. Mit der neuen Decke über dem Ausstellungssaal im Untergeschoss bekam der Große Saal auch einen neuen Boden mit Fußbodenheizung und Parkettauflage.

cial reasons, the only stucco parts that could be reconstructed from the hall of that time were the front side with the proscenium arch, the giraffes, the palm décor, and the chestnut foliage. The rich vegetal decoration of the sidewalls and window alcoves with allegories of the continents, elephant heads, parrots, dragons, and sphinxes have been consigned to history. However, the dadoes, the wood paneling of the lower walls, were reconstructed. Like the windows, they were painted a bright blue, and form a strong color contrast to the white walls.

Previously, the hall was equipped with a very large sprung dance floor. But this was worn out and the substructure, being a fire hazard, was no longer acceptable. With the new ceiling above the Exhibition Hall in the basement, the Great Hall also acquired a new floor with underfloor heating and parquet surface.

Through various new features, the spatial relationships and usability of the hall were changed. On the east side, the portico in front of the hall was reopened so that visitors could enter into the loggia and out into the open through the hall doors.

←

Abbrucharbeiten von Fußboden und Emporen der Fassung von 1946 im Großen Saal

Demolition of the floor and galleries in the 1946 version of the Great Hall

←

Nach Abbruch des Hallenbodens wurde die Sohle des Gebäudes im Untergeschoss für den späteren EXPO-Ausstellungssaal tiefergelegt.

After demolition of the hall floor, the floor of the basement was lowered for the later EXPO Exhibition Hall.

↙

Viele Kilometer Heizröhren und Kabel verschwanden im Fußboden des Untergeschosses. Über dem EXPO-Ausstellungssaal wurde das Tragwerk für den Boden des Großen Saals neu eingezogen.

Many kilometers of heating pipes and cables disappeared into the floor of the basement. Above the EXPO Exhibition Hall, the supporting structure for the floor of the Great Hall was redesigned.

→

Bis auf das Stuckdekor der Seitenwände und Emporen konnte der Große Saal wieder in den Originalzustand zurückversetzt werden.

It was possible to restore the Great Hall to its original state—including, even, the stucco decoration of the sidewalls and galleries.

←

Bühnenportal mit dem von Bildhauer Andreas Artur Hoferick neu geschaffenen Jugendstildekor

Proscenium arch with the newly created Art Nouveau décor by the sculptor Andreas Artur Hoferick

→

Tonmodell im Maßstab 1:3 im Bildhaueratelier

Clay model on a scale of 1:3 in the sculpture studio

→→

Abformung des Tonmodells mit Silikon zur Gewinnung der Stuckgipsformen

Impression of the clay model in silicone, used to obtain the plaster of Paris molds

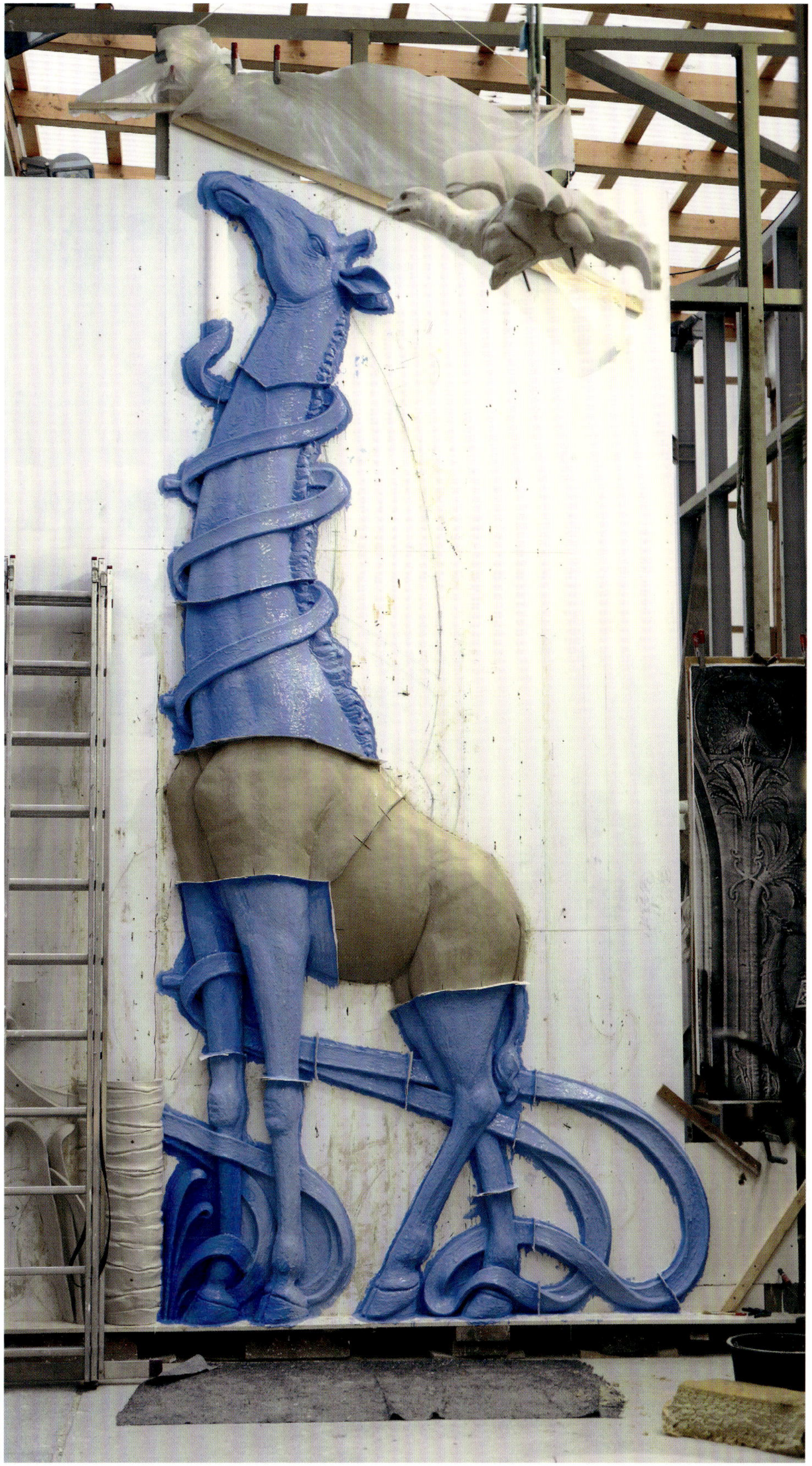

↑↗
Neubau der Emporen des Großen Saals mit aus Stuck geformten Brüstungen

Construction of the galleries of the Great Hall with stucco parapets

→
Die Emporen der Fassung von 1946 wurden zurückgebaut und erhielten wieder ihre schwungvollen Barockbrüstungen.

The galleries of the 1946 version were dismantled and their sweeping baroque balustrades restored.

Durch einige Neuerungen wurden die räumlichen Zusammenhänge und die Nutzbarkeit verändert. An der Ostseite wurde der Arkadengang vor dem Saal wieder geöffnet, sodass man durch die Saaltüren in die Loggia und ins Freie treten kann.
An der Westseite können die Saaltüren in jedem der sechs Joche geöffnet werden, um den Richard-Wagner-Saal der Fläche des Großen Saals zuschlagen oder ihn als weitere Foyerfläche nutzen zu können. Das 1947 angebaute Bühnenhaus wurde abgerissen und das Bühnenportal vermauert und durch eine blaugrau gestrichene Putzfläche geschlossen.
Das Bühnenportal selbst zeigt sich wieder in seiner alten Pracht. Die bildhauerischen Stuckarbeiten mit Flora- und Faunamotiven wurden von dem Berliner Steinbildhauer Andreas Artur Hoferick nach historischen Fotos rekonstruiert; es fand sich lediglich ein kleiner Rest Originalbefund, ein Teil des Schleierbandes um die obere Figurengruppe. Dazu schuf er zunächst Bozzetti (Modelle aus Modellton) im Maßstab 1:3, die dann abgegossen wurden und als Vorlage für die 1:1-Modelle dienten. Bei

On the west side, the hall doors can be opened in each of the six bays, either shutting the Richard Wagner Hall off from the Great Hall or making it usable as an additional foyer area. The stage house, added in 1947, was demolished and the proscenium arch walled up and closed off by a blue-gray painted plaster surface.
The proscenium arch itself can now be seen in all its former glory. The sculptural stucco with flora and fauna motifs was reconstructed by the Berlin sculptor Andreas Artur Hoferick, based on historic photos; only a small remnant of the original features was preserved, a part of the veil band around the upper group of figures. For this purpose, Hoferick first created bozzetti (models in modeling clay) on a scale of 1:3, which were then cast and used as a template for the 1:1 models. When enlarged, the surface was transferred point by point and the 1:1 models were molded: the final plaster casts were made from these. Dismantled into individual parts, the pieces were assembled on site, the joints plastered, and the final surface produced from shellac primer, casein, and color glazes.

↖

Anlegen des Tonmodells für die Pfauen im Großen Saal. Rechts das Vormodell im Maßstab 1:3

Applying the clay model for the peacocks in the Great Hall. Right, the preliminary model on a scale of 1:3

←

Guss der Kastanienblätter in verschiedenen Serien

Cast of chestnut leaves in various configurations

der Vergrößerung wurde die Oberfläche Punkt für Punkt per Bildhauerzirkel übertragen. Schließlich wurden die 1:1-Modelle abgeformt und danach die endgültigen Gipsabgüsse hergestellt. In Einzelteile zerlegt, wurden die Stücke vor Ort montiert, die Fugen verputzt und schließlich mittels Schellackgrundierung, Kaseinfarben und Farblasuren die endgültige Oberfläche verfertigt.
Die Figurengruppe über dem Portal schuf der Bildhauer in Originalgröße. Da die Fotovorlage diesen Bereich nicht so detailreich wiedergibt, hatte der Bildhauer interpretatorische Freiheiten. Er schuf zwei Allegorien: links die Wissenschaft, attributiert mit Büchern, Globus und Fernrohren, rechts die Kunst mit Harfe und Homermaske. Dazwischen wie eine Siegesgöttin die Lipsia mit der Stadtkrone, einen Lorbeerzweig in die Höhe hebend.
Nun stehen also wieder die Giraffen beiderseits des Bühnenportals unter den opulenten Palmen, auf denen wiederum zwei lebensgroße Alabasterpfauen ihr Rad schlagen. Eine Figurengruppe krönt den Bogen, hinter dem zwei Kastanien zu wachsen scheinen, die mit ihrem

The group of figures on the portal was created by the sculptor in their original size. Since photos did not show this area in as much detail, the sculptor could take interpretive liberties. He created two allegories: on the left, Science, with its attributes (books, globe, and telescopes); on the right, Art with its harp and the bust of Homer. In between, like a goddess of victory, Lipsia (representing Leipzig), wearing the city crown, holds a laurel branch aloft.
So the giraffes are again standing on either side of the proscenium arch under the opulent palm trees on which two life-sized alabaster peacocks are displaying their tails. A sculptural group crowns the arch behind which two chestnuts seem to grow, filling the upper part of the arch with their filigree foliage. The foliage corresponds exactly to the original, down to the smallest leaf.
With its Art Nouveau decoration and the narrative grandeur of the end wall, Leipzig's great Congress Hall has no equal in Germany.

↑
Basis der Figurengruppe über dem Bühnenportal während des Anlegens in Gips

Base of the group of figures above the proscenium arch during the application of plaster of Paris

↗
Die als Gipsplastik im Maßstab 1:3 geschaffene Figurengruppe im Atelier

The group of figures in the studio, created as a plaster-of-Paris model on a scale of 1:3

filigranen Blätterwerk den oberen Part des Bogens ausfüllen. Das Laubwerk entspricht aufs Blatt genau dem Original.
Mit seiner Ausstattung in Jugendstilformen und der erzählerischen Pracht der Stirnwand sucht der Leipziger große Kongresssaal in Deutschland seinesgleichen.

→
Die Figurengruppe über dem Bühnenportal wurde von Steinbildhauer Andreas Artur Hoferick nach alten Fotografien neu interpretiert: Allegorien der Wissenschaft und der Kunst flankieren die Lipsia (Leipzig), die einen Lorbeerzweig in die Höhe reckt.

The group of figures above the proscenium arch was reinterpreted by sculptor Andreas Artur Hoferick after old photographs: allegories of Science and Art accompany Lipsia (Leipzig), who holds a laurel branch into the air.

79

←
Südwand des Großen Saals mit den Hauptzugängen von der Wandelhalle

South wall of the Great Hall with the main entrances to the lobby

↗
Querschnitt und Längsschnitt durch die Zapfenkonsole unter dem Deckenunterzug im Großen Saal

Cross-section and longitudinal section through the console under the floor joist in the Great Hall

→
Querschnitt und Ansicht der Empore im Großen Saal

Cross-section and view of the gallery in the Great Hall

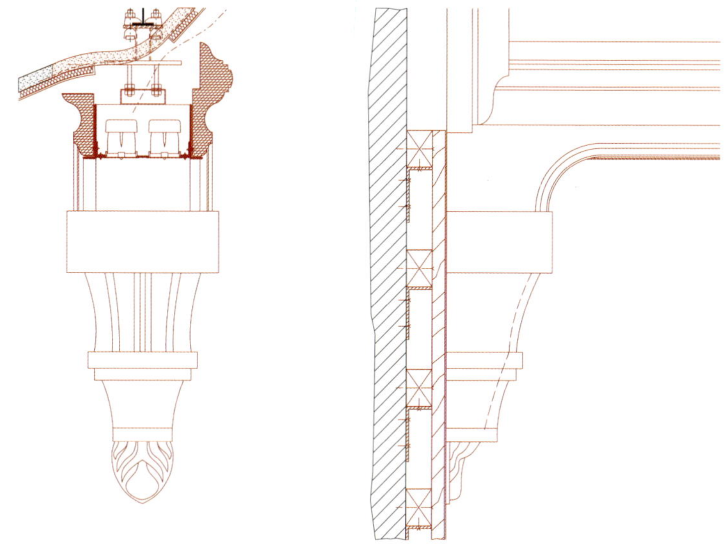

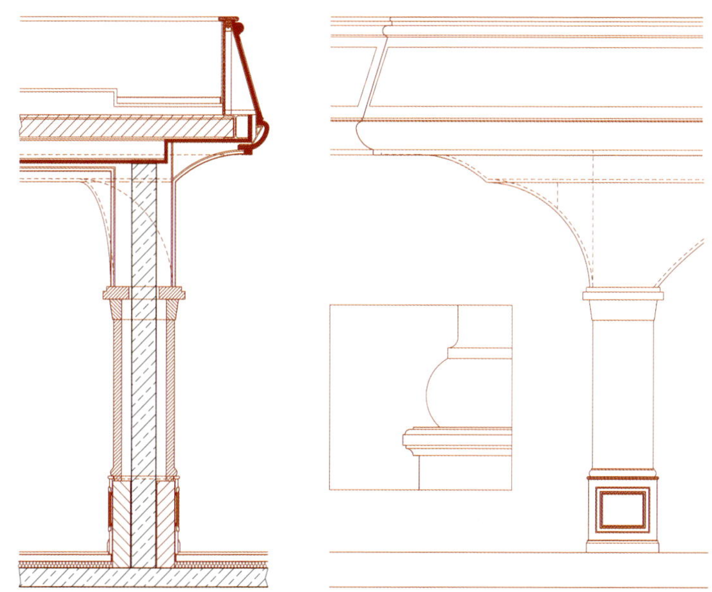

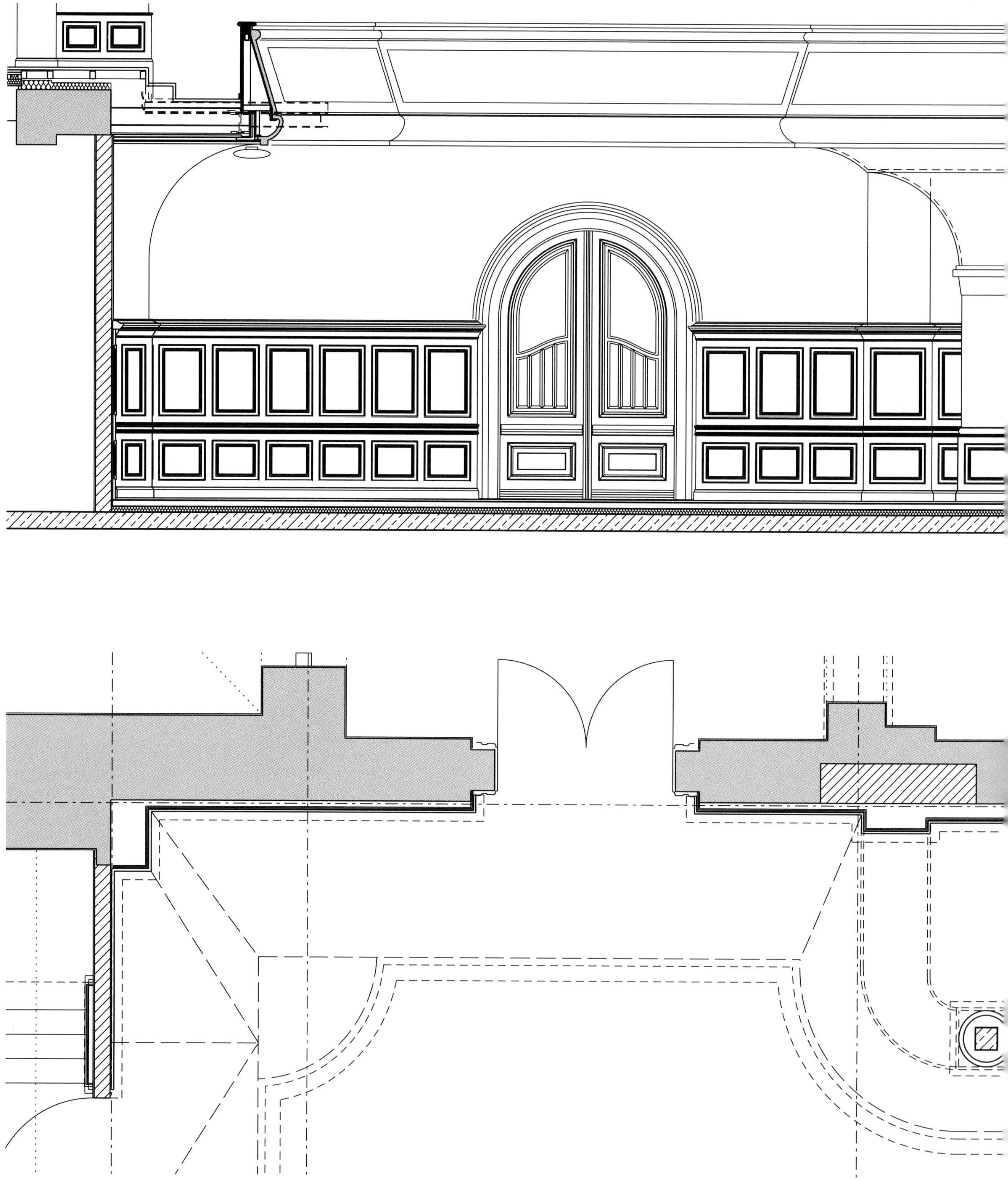



→
Südwand Erdgeschoss im Großen Saal, Ansicht und Grundriss der Neuplanung

South wall ground floor in the Great Hall: view and floor layout from the new plans

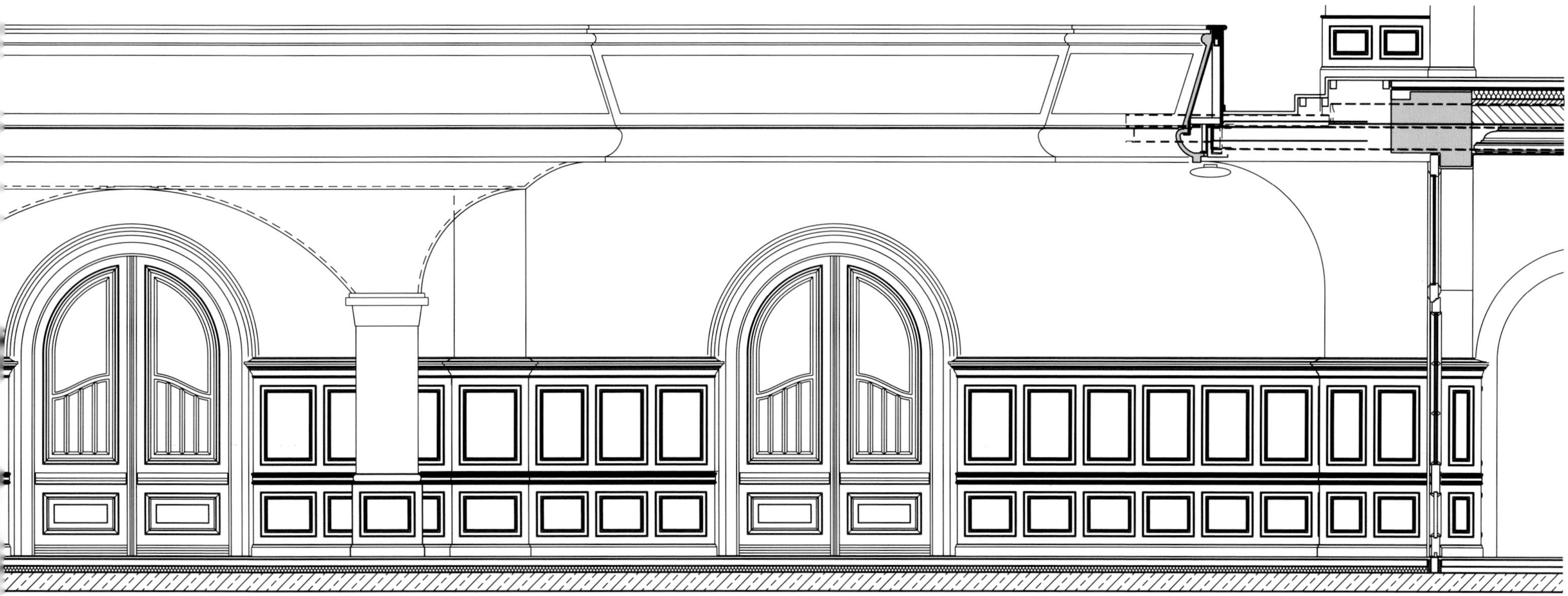

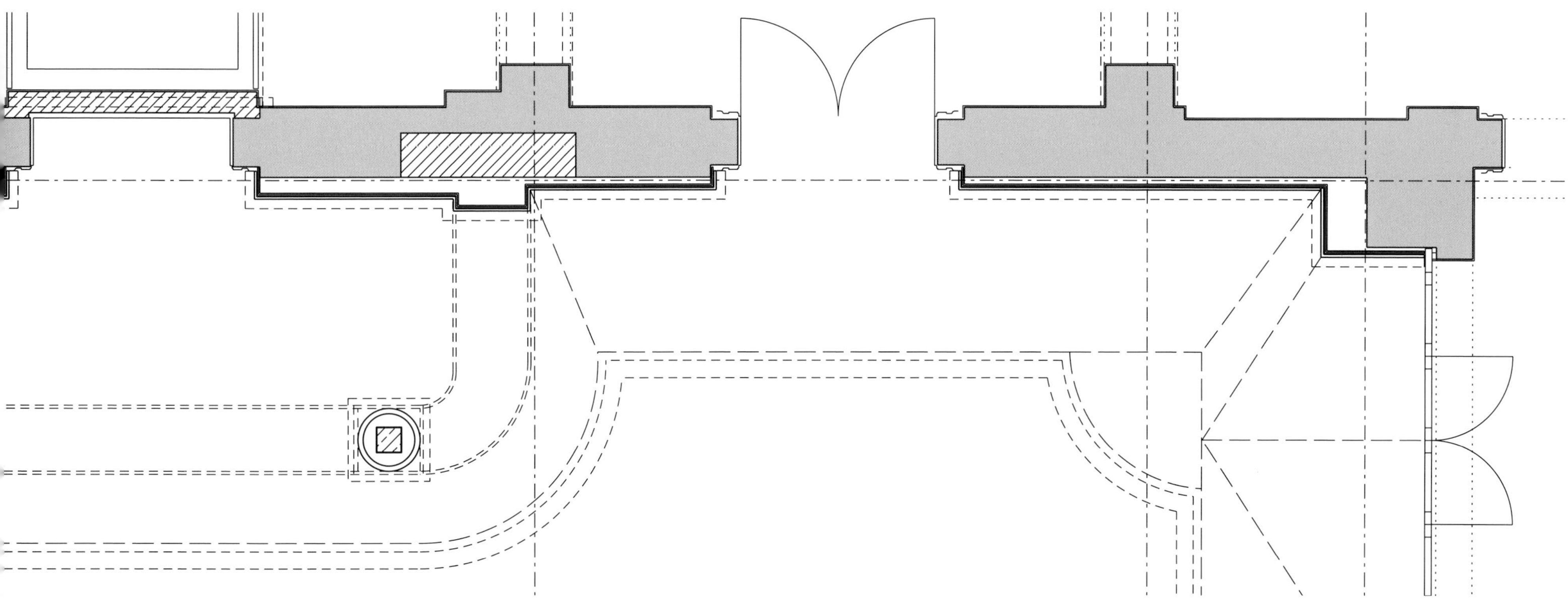

→
Fenstertüren zwischen Großem Saal und Pfaffendorfer Straße, Ansicht, Grundriss und Schnitt der Neuplanung

French doors between the Great Hall and Pfaffendorfer Strasse: view, floor plan, and cross-section from the new plans

→→
Ostwand des Großen Saals mit Blick zur Pfaffendorfer Straße

East wall of the Great Hall with view towards the Pfaffendorfer Strasse

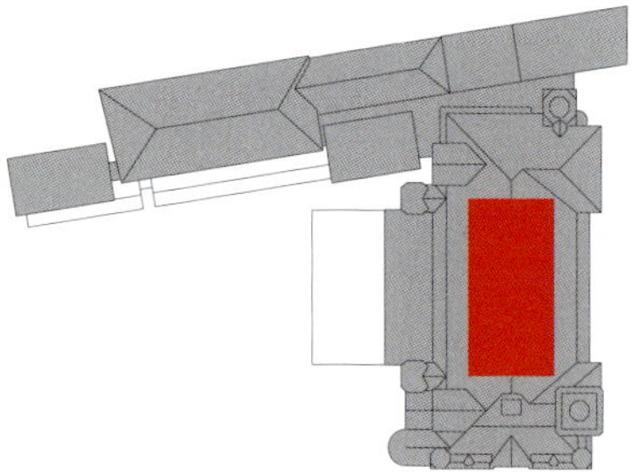

84

↗
Galerieumgang des Ausstellungssaals

Gallery surround of the Exhibition Hall

## Ausstellungssaal EXPO

Für ein vollwertiges Kongresszentrum ist auch das Vorhandensein einer größeren Ausstellungsfläche unerlässlich, wo kongressbegleitende Präsentationen Platz finden können. Dafür bot sich im und am Gebäude zunächst kein Raum von ausreichender Größe an. Doch die Architekten fanden in dem bisher nicht nutzbaren Kellerbereich unter dem Großen Saal eine verblüffende Lösung. Die den Saalboden stützende Holzbalkenlage mit dichter Stützenstellung musste aus Brandschutzgründen ohnehin entfernt werden. Indem die neue Decke das Untergeschoss stützenfrei überspannt, konnte eine 1000 Quadratmeter große Fläche gewonnen werden. Durch Absenkung des Bodenniveaus erreichte der 18 x 35 Meter große Raum eine lichte Höhe von 3,80 Metern.
Um die Fundamentierung der Umfassungsmauern nicht zu destabilisieren, wurde nicht bis zu deren Rand ausgekoffert. Dadurch verringerte sich die Spannweite des Saalbodens und es ergab sich ein erhöhter Galerieumgang um den Ausstellungssaal, der als Wandelgang, Verkehrsfläche und für Wandausstellungen genutzt werden kann. Durch die Galerie oberhalb der Umfassungswände

## EXPO Exhibition Hall

For a full-fledged convention center, a large exhibition space, where the kind of presentations given at congresses can be accommodated, is essential. But, initially, there was no space of sufficient size in and around the building. However, the architects found a startling solution in the previously unusable basement area below the Great Hall. The wooden floor joists supporting the hall's floor with densely arrayed props had to be removed for fire protection reasons, and the advantage of this, since the new basement ceiling no longer needed to be supported on columns, was that an area of 1,000 square meters was now clear. By lowering the floor level, the 18 x 35 meter area now extended to a clear height of 3.80 meters.
In order not to destabilize the foundations of the enclosing walls, the excavations did not extend as far as their edge. This reduced the span of the hall floor and created a raised gallery around the Exhibition Hall, which can be used as a walkway and traffic area, and also for wall-based exhibitions. Through the gallery above the enclosing walls, the unlit area on the basement level is provided

↗
Ausstellungssaal im Untergeschoss unter dem Großen Saal

Exhibition Hall in the basement below the Great Hall

entsteht in dem unbelichteten Saal auf Untergeschossniveau ein freierer Raumeindruck, der als angenehm wahrgenommen wird. Die untere Wandzone der Längswände besteht aus Lüftungsgittern und mildert den Eindruck einer Bassinwirkung des Raums – die ohnehin nur bei leerem Raum empfunden werden könnte.

Der mit einem hellgrauen Estrich versehene, taghell zu erleuchtende EXPO-Raum hat einen rationalistisch-neutralen Charakter, wie er ansonsten im Haus nicht anzutreffen ist und ist prädestiniert für die temporäre Aufnahme von Ausstellungs- und Messeständen aller Art.

with a freer sense of space, creating a pleasant effect. The lower wall zone of the longitudinal walls consists of grilles and softens the basin-like impression that only empty space could produce.

The exhibition area, with its light-gray floor, can be illuminated by daylight and has a rationalist-neutral character of a kind not otherwise found in the building: this area is meant for the temporary storage of exhibits and booths of all kinds.

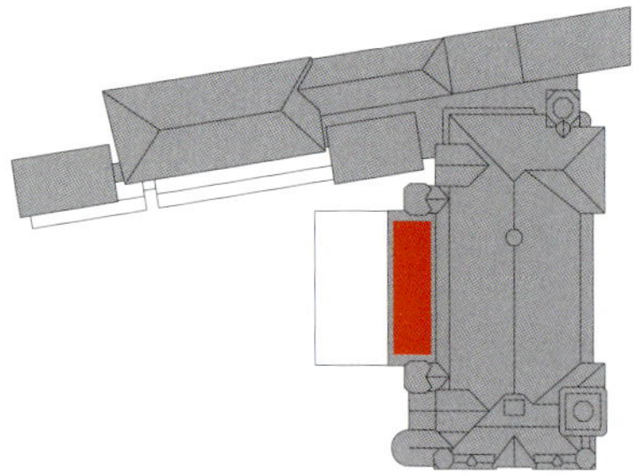

## Richard-Wagner-Saal

86

↗
Richard-Wagner-Saal 1947 mit neu eingebauter Bühne, Blick nach Süden

Richard Wagner Hall in 1947 with newly built stage, looking south

↗↗
Querschnitt durch den Richard-Wagner-Saal, Blickrichtung Nord

Cross-section through the Richard Wagner Hall, looking north

→
Der Richard-Wagner-Saal lässt sich durch Schiebewände teilen und vom Gang links abtrennen.

The Richard Wagner Hall can be divided by sliding walls and separated from the passage on the left.

Dem Großen Saal zum Konzertgarten hin vorgelagert war ursprünglich der 360 Quadratmeter umfassende Terrassensaal, der als Restaurant des Zoologischen Gartens diente. Er hatte zum Garten hin große Segmentbogenfenster und war zur Saalseite von einer Pfeilerstellung und einem Gang begrenzt, der seinerseits durch Bogenfenster und zwei Flügeltüren mit dem Großen Saal in Verbindung stand. So konnte man vom Großen Saal aus direkt in das Restaurant und weiter auf die Terrasse gelangen.

Als man das Haus 1946 nach den Kriegszerstörungen wieder instand setzte, wurde auch der Terrassensaal renoviert und in Richard-Wagner-Saal umbenannt. Er wurde an seiner nördlichen Stirnseite mit einer Bühne ausgestattet und diente unter anderem als Spielstätte des Palast-Theaters.

Im Zuge der Außenrenovierung der Kongresshalle 2003 wurde der Richard-Wagner-Saal dem Zoo wieder als Restaurant zur Verfügung gestellt. Er wurde renoviert, für den Restaurantbetrieb ausgestattet und erhielt eine monochrome Farbgebung in einem Beigeton. Von der

## Richard Wagner Hall

In front of the Great Hall, stretching toward the concert garden, there originally lay the 360-square-meter Terrace Hall that served as the restaurant of the Zoological Garden. It had large segmental arch windows looking onto the garden and was bounded, on the hall side, by a row of pillars and a passage that was in turn connected to the Great Hall by arched windows and double doors. So, from the Great Hall, you could directly reach the restaurant and then the terrace.

When, in 1946, after the ravages of war, the building was being reconstructed, the Terrace Hall was also renovated and renamed the Richard Wagner Hall. It was equipped on its northern side with a stage and used, among other things, as a venue of the Palace Theater.

As part of the exterior renovation of the Congress Hall in 2003, the Richard Wagner Hall was again made available to the Zoo as restaurant. It was renovated, equipped with restaurant facilities, and given a monochrome color scheme in beige tones. Of the historic décor, only the profiled beams, the flat capitals of the pilasters, and the concrete haunches on the ceiling were left.

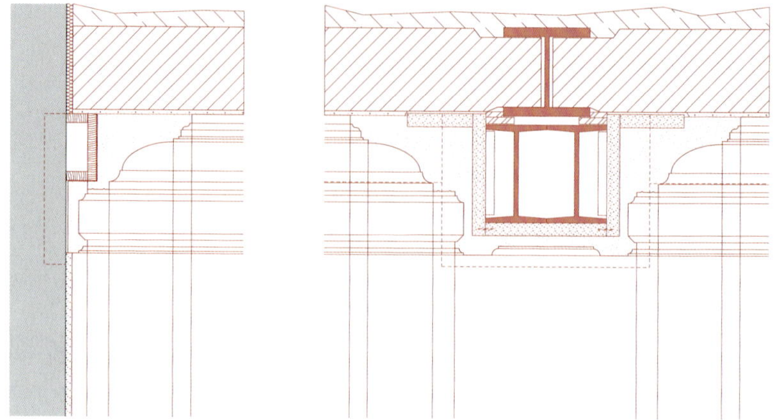

88

↑
Schweres Gerät unter dem Richard-Wagner-Saal

Heavy equipment under the Richard Wagner Hall

↗
Die Vielschichtigkeit der Deckenprofile und Unterzüge mit Stahlträger, Feuerschutz und Stuck wird in den Schnitten deutlich.

The complexity of the ceiling profiles and joists with steel beams, fire protection, and stucco can be seen in the cross-sections.

→
Richard-Wagner-Saal mit Blick zum Konzertgarten

Richard Wagner Hall overlooking the concert garden

historischen Ausstattung waren nur die profilierten Unterzüge, flache Kapitelle an den Pilastern und die Profilvouten an der Decke übrig geblieben.
Inzwischen ist das Restaurant in den neuen Palmensaal umgezogen und der Richard-Wagner-Saal steht wieder für Veranstaltungen des Kongresszentrums zur Verfügung. Der Saal erstrahlt heute in Weiß mit blauen Fenstertüren zur Terrasse hin. Durch eine Schiebetrennwand lässt er sich in zwei Säle mit jeweils 144 Plätzen teilen. Auch entlang der Stützenstellung können Schiebewände geschlossen werden. Dadurch wird der Flur zwischen Großem Saal und Richard-Wagner-Saal abgetrennt und beide Säle können akustisch unabhängig für unterschiedliche Veranstaltungen genutzt werden. Statt der beiden Flügeltüren zum Großen Saal gibt es nun sechs Türen auf der ganzen Länge, sodass der Richard-Wagner-Saal als Erweiterung des Großen Saals für Catering oder Nebenfunktionen dienen kann.

Meanwhile, the restaurant moved into the new Palm Hall and the Richard Wagner Hall is again available for events at the Congress Center. The hall is now gleaming white in color, with blue window doors onto the terrace. Through a sliding partition, it can be divided into two rooms with 144 seats in each. Sliding walls can also be closed along the pillars. Thus, the corridor between the Great Hall and the Richard Wagner Hall is separated and both rooms can be used independently for different acoustic events. Instead of the two double doors to the Great Hall, there are now six doors along the entire length so that the Richard Wagner Hall can serve as an extension of the Great Hall for catering or secondary functions.

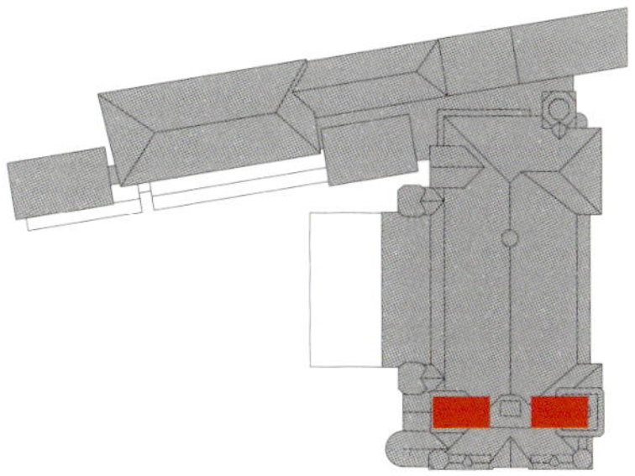

## Dichtersäle und Turmzimmer

## Poet Rooms and Tower Rooms



←
Lessingsaal im zweiten Obergeschoss

Lessing Hall on the second floor

↗
Lessingsaal während des Einbaus der Funktionsdecke

Lessing Hall during installation of functions level

Über dem Foyer des Großen Saals, zugänglich über die Haupttreppe und den Aufzug, liegen vier kleinere Säle mit Loungebereichen. Sie waren 1998 durch die Beräumaktion des BfB sämtlicher historischer Bauteile beraubt worden. Bei der Renovierung wählten die Architekten deshalb eine unaufwändige, neutral-moderne Formensprache. Die beiden Säle im ersten Obergeschoss sind 91 beziehungsweise 82 Quadratmeter groß und nach Goethe und Schiller benannt. Ein Geschoss höher liegen der Leibnizsaal mit 102 sowie der Lessingsaal mit 92 Quadratmetern.
Schließlich gibt es noch das Mendelssohnzimmer und das Basteizimmer oben im Turm des Gebäudes, bei denen wenigstens die Wandsockelvertäfelungen erhalten geblieben sind und aufgearbeitet werden konnten. Sie sind für kleine Arbeitsgruppen oder Gesellschaften geeignet und bieten Ausblicke Richtung Innenstadt und Hauptbahnhof.

Above the foyer of the Great Hall, accessible via the main staircase and the elevator, there are four smaller rooms with lounge areas. The 1998 renovation carried out by BfB (Department for Employment Promotion) had stripped them of all historical components, and so the architects chose an unostentatious, neutral modern design. The two rooms on the first floor are ninety-one and eighty-two square meters respectively in size and named after the German poets Goethe and Schiller. One floor higher are the Leibniz Hall (102 square meters) and the Lessing Hall (ninety-two square meters).
Finally, there is the Mendelssohn Room and the Bastion Room up in the tower of the building, where at least the dadoes had been preserved and could be renovated. These rooms are suitable for small workgroups or companies and offer views towards the city center and main railway station.

↑
Goethesaal im ersten Ober-
geschoss

Goethe Hall on the first floor

↑
Leibnizsaal im zweiten Ober-
geschoss des Turms

Leibniz Hall on the second
floor of the tower

↑
Basteizimmer im Turm während der Sanierung

Bastion room in the tower during renovation

→
Basteizimmer im Turm mit Ausblick in drei Himmelsrichtungen

Bastion room in the tower with views in three directions

96

→

Foyer im Nordflügel

Foyer in north wing

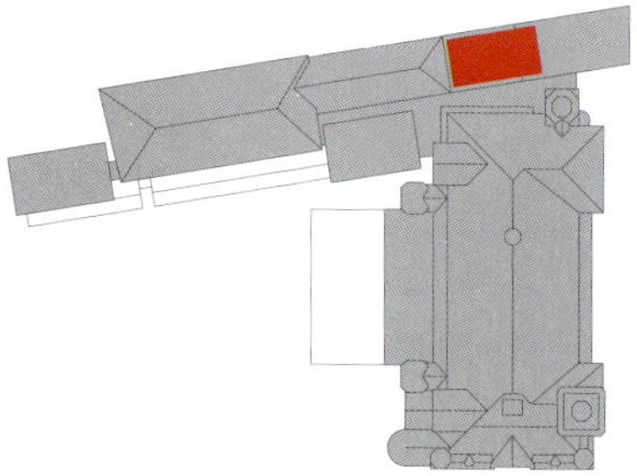

## Händelsaal

Charakteristikum des Händelsaals sind die beiden Längswände, die aus dicht stehenden Betonstützen vor der eigentlichen Glasfassade bestehen. Die nördliche Wand empfängt Tageslicht, während die südliche zum Foyer hin Durch- und Einblicke eröffnet und das Foyer indirekt mitbelichtet. Um akustische Reflexionen zu vermeiden, sind die Scheiben vertikal leicht gedreht eingebaut. Der 200 Quadratmeter messende Raum bietet 255 Plätze.

## Handel Hall

The Handel Hall is characterized by its two longitudinal walls, which consist of closely spaced concrete columns in front of a glass façade. The northern wall receives natural light, while the southern wall opens up toward the foyer and shares its light with it indirectly. To avoid acoustic interference, the inbuilt vertical disks are slightly twisted. The 200-square-meter room has 255 seats.



↗
Blick vom Foyer in den Händelsaal

View from the foyer into the Handel Hall

→
Händelsaal, Blick nach Osten

Handel Hall, facing east

↗
Der in Rokokoformen gestaltete Bachsaal 1948, noch ohne die vier Deckenmedaillons

The Bach Hall with rococo décor in 1948, still without the four ceiling medallions

→
Bachsaal in der rekonstruierten Rokokofassung von 1948

Bach Hall in the reconstructed rococo version of 1948

Bach, Telemann, Händel und Mozart für die Decke des hinfort nach Bach benannten Neorokokosaals.
Diese Fassung des Saals von 1948 wurde bei der Sanierung zugrunde gelegt. Spätere Farbschichten wurden abgetragen. Nur an einer Stelle blieb ein Sichtfenster, um eine frühere Deckenbemalung zu zeigen, eine Kassettierung mit hellblauen Blüten. Der Originalstuck und die architektonischen Ausstattungselemente wie Spiegel, Lüftungsgitter, Medaillons und die Tür waren erhalten geblieben. Die Fenster wurden ausgetauscht. Die Brüstungsverkleidungen sowie der Bühnenunterbau erfuhren Modifikationen. Die warme, gelbliche Rokokofarbe und die Marmorierung der Stuckwände oberhalb der grauen Sockelvertäfelung wurden wieder aufgefrischt. In die Wandspiegel gegenüber den Fenstern wurden Akustikplatten eingesetzt. Einzige neue Zutaten sind die Kronleuchter und die Wandleuchter in modernen Formen. Eine Fußbodenheizung wurde eingebaut und ein neues Parkett verlegt. Die Lüftung konnte ohne weitere Eingriffe in die Denkmalsubstanz über die vergitterten früheren Heizungsnischen unter den Fenstern organisiert werden.

This version of the 1948 hall was used as the basis for renovation. Subsequent layers of paint were removed. Only in one place was a window left, to show an earlier painted ceiling, a coffering with light-blue flowers. The original stucco and architectural elements such as mirrors, grilles, medallions, and the door had been preserved. The windows were replaced. The sill paneling and the stage substructure were modified. The warm, yellowish rococo color and the marbling of the stucco walls above the gray dadoes were renovated. In the wall mirrors opposite the windows, acoustic panels were placed. The only new elements were the modern chandeliers and sconces. An underfloor heating system was installed and a new floor laid. Ventilation was easily arranged over the previous heating niches, separated off by bars under the windows, in a way that respected the architectural heritage.
Had the historical entrance door to the Bach Hall not been externally designed as a framed wooden door with vines painted on it, the experience of walking through the door from the unadorned modern foyer of the north

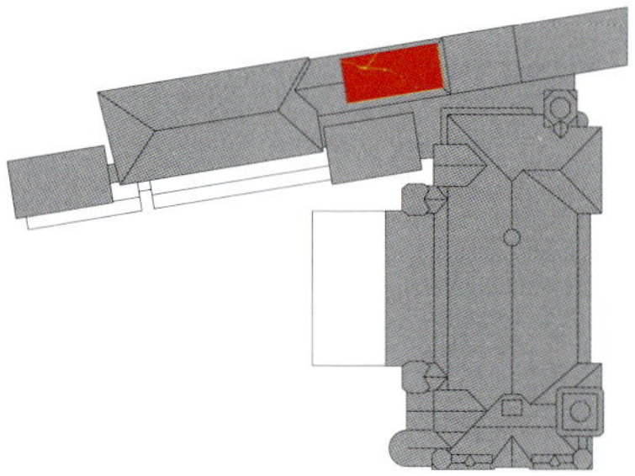



→
Foyer des Nordflügels, Zugänge zum historischen Bachsaal und zum modernen Händelsaal

Foyer of the north wing, entrances to the historic Bach Hall and the modern Handel Hall

## Bachsaal

Der Bachsaal hatte bis 1946 Pfauensaal geheißen. Ursprünglich war der Raum mit starken Deckenvouten an den Längsseiten ausgestattet, die fast Gewölbecharakter aufwiesen. An der Stirnseite gab es eine kleine Bühne, darüber einen von drei Spitzbogen überwölbten Musikantenbalkon. Die Pfauen in den Wandfeldern der frühklassizistischen Ausmalung gaben dem Saal den Namen.

1926 erfolgte eine erste Umgestaltung. Die Fenster der Südseite wurden geschlossen, die Fensternischen bemalt. Die klassizistische Wand- und Deckengestaltung musste einer ruhigeren, flächenbetonten Farbfassung weichen. Im Rahmen der Wiederherstellung des Gebäudes nach dem Krieg kam es zu einer neuerlichen, diesmal grundlegenden Umgestaltung. 1948 wurde an der westlichen Stirnseite eine breite Bühne eingebaut und die Decke flacher abgehängt. Pilaster mit Stuckrocaillen, reich verzierten Kapitellen und verkröpftem Gebälk in Barock- und Rokokoformen schmückten nun die Wände. Neue Kronleuchter hingen im ovalen Deckenspiegel. Fritz Küchle malte Porträtmedaillons der Musiker

## Bach Hall

Until 1946, the Bach Hall was called the Peacock Hall. Originally, the room was equipped with strong arched floors on the longitudinal sides, with an almost vaulted character. On the front side there was a small stage, and over it a balcony with three pointed arches. The peacocks painted on the wall panels in early classical style gave the hall its name.

In 1926 a first transformation was made. The windows on the south side were closed, and the window niches painted. The classicist wall and ceiling design was replaced by a quieter color scheme with accented surface tones. As part of the restoration of the building after the war, there was a renewed—and this time fundamental—restructuring. In 1948, on the western front side, a wide stage was built and the ceiling flattened. Pilasters with stucco rocaille, ornate capitals, and diagonal beams in baroque and rococo forms now adorned the walls. New chandeliers hung from the oval ceiling mirror. Fritz Küchle painted portrait medallions of Bach, Telemann, Handel, and Mozart for the ceiling of the neo-rococo hall, now named after Bach.

Bach-Saal
Händel-Saal

↗
Der in Rokokoformen gestaltete Bachsaal 1948, noch ohne die vier Deckenmedaillons

The Bach Hall with rococo décor in 1948, still without the four ceiling medallions

→
Bachsaal in der rekonstruierten Rokokofassung von 1948

Bach Hall in the reconstructed rococo version of 1948

Bach, Telemann, Händel und Mozart für die Decke des hinfort nach Bach benannten Neorokokosaals.
Diese Fassung des Saals von 1948 wurde bei der Sanierung zugrunde gelegt. Spätere Farbschichten wurden abgetragen. Nur an einer Stelle blieb ein Sichtfenster, um eine frühere Deckenbemalung zu zeigen, eine Kassettierung mit hellblauen Blüten. Der Originalstuck und die architektonischen Ausstattungselemente wie Spiegel, Lüftungsgitter, Medaillons und die Tür waren erhalten geblieben. Die Fenster wurden ausgetauscht. Die Brüstungsverkleidungen sowie der Bühnenunterbau erfuhren Modifikationen. Die warme, gelbliche Rokokofarbe und die Marmorierung der Stuckwände oberhalb der grauen Sockelvertäfelung wurden wieder aufgefrischt. In die Wandspiegel gegenüber den Fenstern wurden Akustikplatten eingesetzt. Einzige neue Zutaten sind die Kronleuchter und die Wandleuchter in modernen Formen. Eine Fußbodenheizung wurde eingebaut und ein neues Parkett verlegt. Die Lüftung konnte ohne weitere Eingriffe in die Denkmalsubstanz über die vergitterten früheren Heizungsnischen unter den Fenstern organisiert werden.

This version of the 1948 hall was used as the basis for renovation. Subsequent layers of paint were removed. Only in one place was a window left, to show an earlier painted ceiling, a coffering with light-blue flowers. The original stucco and architectural elements such as mirrors, grilles, medallions, and the door had been preserved. The windows were replaced. The sill paneling and the stage substructure were modified. The warm, yellowish rococo color and the marbling of the stucco walls above the gray dadoes were renovated. In the wall mirrors opposite the windows, acoustic panels were placed. The only new elements were the modern chandeliers and sconces. An underfloor heating system was installed and a new floor laid. Ventilation was easily arranged over the previous heating niches, separated off by bars under the windows, in a way that respected the architectural heritage.
Had the historical entrance door to the Bach Hall not been externally designed as a framed wooden door with vines painted on it, the experience of walking through the door from the unadorned modern foyer of the north

←
Bachsaal, Blick nach Osten

Bach Hall, looking east

↗
Restauriertes Stuckdetail mit dem Leipziger Stadtwappen im Bachsaal

Restored stucco detail with the Leipzig municipal coat of arms in the Bach Hall

↗↗
Eines der vier Porträtmedaillons an der Decke des Bachsaals zeigt den Komponisten Johann Sebastian Bach.

One of the four portrait medallions on the ceiling of the Bach Hall shows composer Johann Sebastian Bach.

Wäre die historische Eingangstür zum Bachsaal nicht schon außen als profilierte Holztür mit Rankenbemalung ausgeführt, die Überraschung wäre noch größer, wenn man aus dem schmucklos modernen Foyer des Nordflügels durch die Tür tritt und sich unvermittelt in einem prächtigen Rokokoambiente wiederfindet.

wing and suddenly finding oneself in a magnificent rococo ambience would have come as an even greater surprise.

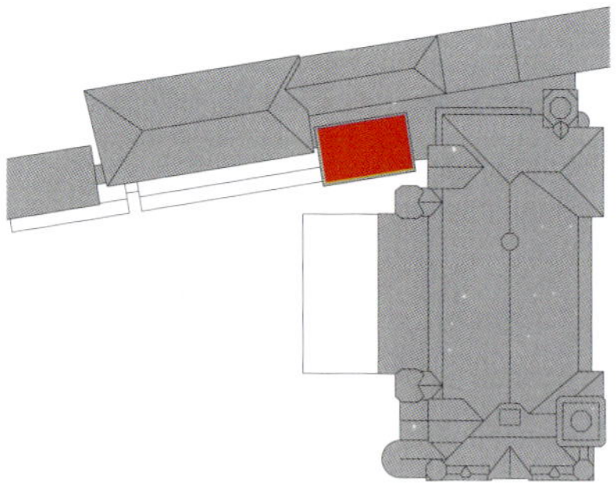

106

→
Telemannsaal,
Blick nach Westen

Telemann Hall,
looking west

## Telemannsaal

Einer der Säle, die nach außen als eigenständige Baukörper formuliert sind, ist der Telemannsaal. Am Konzertgarten im Winkel positioniert, kommt ihm eine Mittlerfunktion zwischen dem Jugendstilbestandsbau und dem expressionistischen Walmdachgebäude des Weißen Saals zu. Hier im Hof wäre die straßenseitige strenge Abstraktion des Nordflügels nicht angebracht gewesen, sondern es bedurfte im Dialog mit den Bestandsbauten einer kräftigeren Stimme. Der Telemannsaal übernimmt die Traufhöhe des Weißen Saals und mit seiner Weißbetonfassade auch dessen Farbe. Zudem paraphrasiert er die Formensprache des Weißen Saals, indem er dessen Motiv des lanzettförmigen Spitzbogenfensters übernimmt und verdreifacht überlagert. Die durch die Überschneidungen der Spitzbogen entstehende, ornamentartige Maßwerkzone changiert in ihrer Wirkung zwischen Gotik und Orient und fügt dem munteren Stilpotpourri des Ensembles eine weitere Facette hinzu. Die Fassadenelemente wurden aus baulogistischen Gründen vor Ort gegossen und aufgestellt.

## Telemann Hall

One of the halls not to be formulated externally as an independent structure is the Telemann Hall. Positioned at an angle to the concert garden, it plays an intermediary role between the Art Nouveau building and the expressionist hipped roof building of the White Hall. Here on the street side of the courtyard, the severe abstraction of the north wing would not have been appropriate, but the dialogue with the existing buildings required a more powerful voice. The Telemann Hall takes over the form of the eaves of the White Hall, and its color too, with its white concrete façade. And it paraphrases the formal language of the White Hall by taking over the design of the lancet pointed arch window and superimposing it in a triple version. The effect of the ornamental tracery resulting from the overlapping pointed arches is alternately Gothic and Oriental and adds another facet to the lively stylistic potpourri. The façade elements were cast and mounted locally for logistical reasons.
The inner steel-and-glass façade provides a sense of enclosure: its supports all enclose three bays of the outer wall. On all four sides, the Telemann Hall has ver-

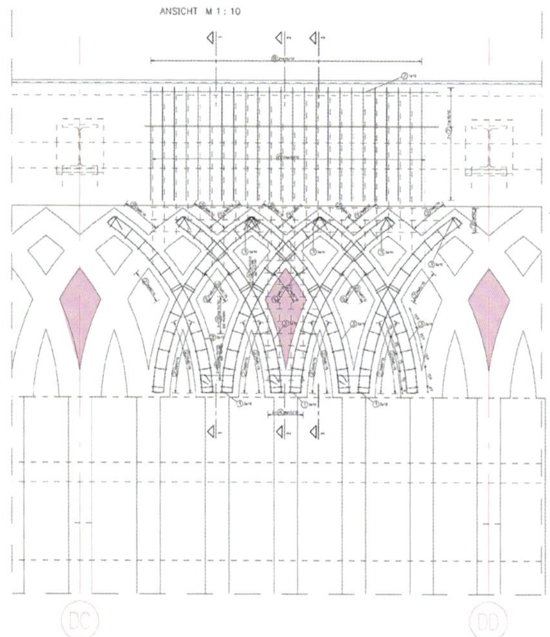


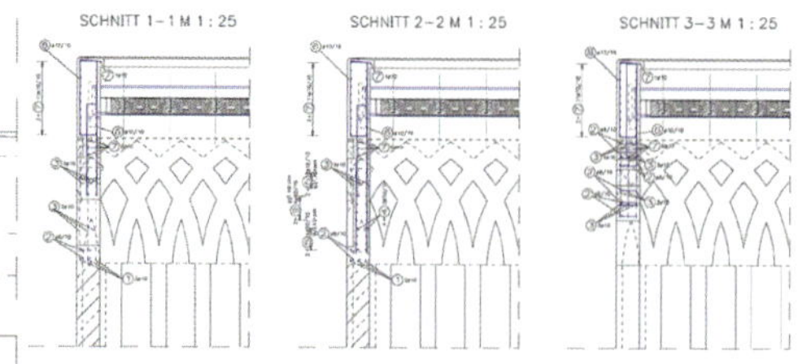

↑
Das Maßwerk der Fassade des Telemannsaals ist in Ortbetonbauweise entstanden.

The tracery of the façade of the Telemann Hall was made from in-situ concrete.

↗↗
Konstruktionszeichnungen und Schalung mit eingelegter Bewehrung

Design drawings and formwork with inlaid reinforcement

Den eigentlichen Raumabschluss leistet die innere Stahl-Glasfassade, deren Stützabstände jeweils drei Felder der Außenwand einnehmen. Der Telemannsaal besitzt an allen vier Seiten die in Stützen und Glasstreifen aufgelösten, vertikal gegliederten Wände. Einerseits fällt der Blick auf den Konzertgarten und die Restaurantterrassen, andererseits gibt es Durchblicke ins Foyer – wenn die Verdunkelung nicht gerade die Blicke verwehrt. Besonders reizvoll wirkt es, wenn die Sonne durch das Maßwerk dringt und ihre Schatteneffekte auf den Fußboden wirft.

tically structured walls divided into columns and glass strips. On the one side it looks out over the concert garden and the restaurant terraces; on the other there are glimpses into the foyer—if the curtains are not drawn. The effect is particularly appealing when the sun passes through the tracery and casts its shadows on the floor.

109 →

Telemannsaal, Außenecke

Telemann Hall, outdoor corner

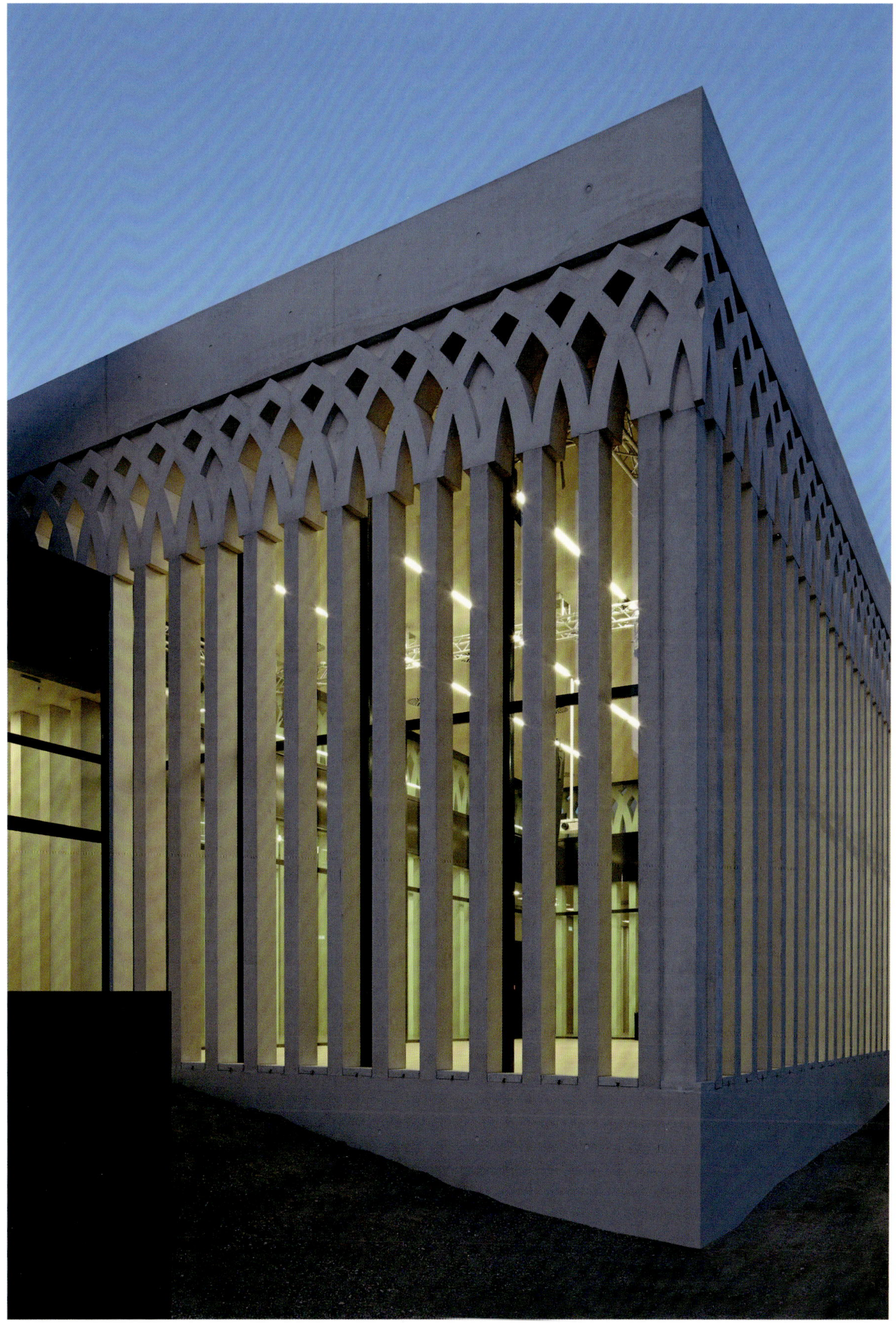

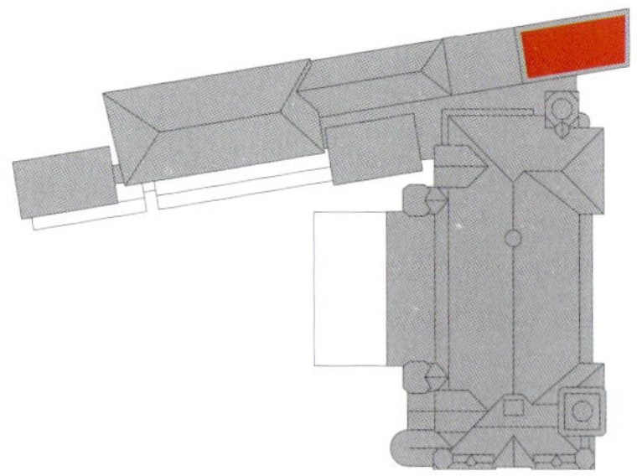

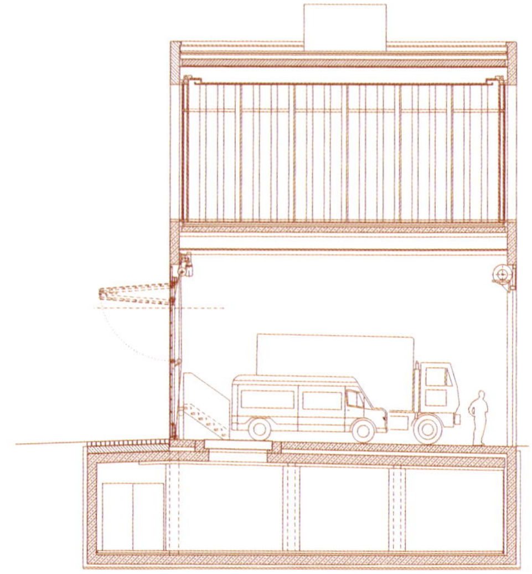

## Mahlersaal

Der nach Gustav Mahler benannte Saal befindet sich im Nordflügel auf der oberen Kongressebene oberhalb des Anlieferbereichs. Er ist 225 Quadratmeter groß und hat eine Kapazität von 255 Plätzen. Raumhohe schmale Fensterschlitze, die ihn auf vier Seiten belichten, prägen den Saal.

## Mahler Hall

Named after Gustav Mahler, this hall is located in the north wing on the upper level of the congress building, above the delivery area. It has a surface area of 225 square meters and a capacity of 255 seats. The hall is characterized by narrow floor-to-ceiling window slits that provide light on all four sides.



↗
Mahlersaal, Blick nach Nordosten

Mahler Hall, facing northeast

↗↗
Querschnitt Anlieferung im Erdgeschoss und Mahlersaal im Obergeschoss

Section of delivery area on the ground floor and Mahler Hall upstairs

→
Anlieferung und Mahlersaal, Ostfassade an der Pfaffendorfer Straße

Delivery area and Mahler Hall, east façade on the Pfaffendorfer Strasse

←
Mahlersaal, Blick nach Osten

Mahler Hall, looking east

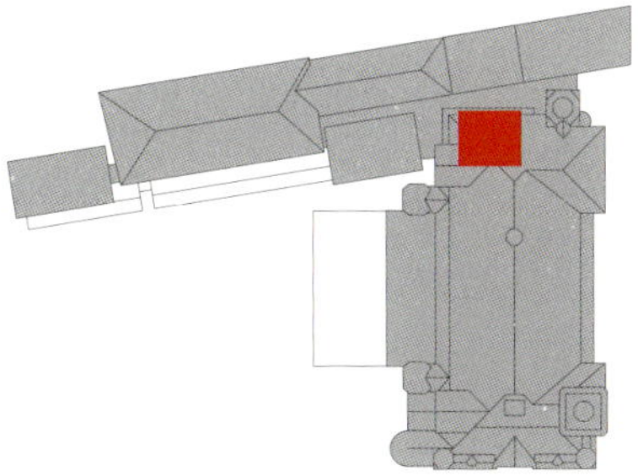

115

←
Schumannsaal, Blick nach Westen

Schumann Hall, looking west

↗
Schumannsaal, Blick nach Süden

Schumann Hall, looking south

↘
Schumannsaal, Paneelplan der Südwand

Schumann Hall, panel plan of south wall

## Schumannsaal

Der Schumannsaal findet sich im neu errichteten Nordflügel auf der oberen Kongressebene im Bereich des früheren Bühnenhauses. Er umfasst 160 Quadratmeter und lässt sich mit 170 Plätzen bestuhlen. Er hat drei geschlossene, holzverkleidete Wände und erhält Tageslicht durch die raumhoch verglaste Nordwand.

## Schumann Hall

The Schumann Hall can be found in the newly constructed north wing on the top level of the congress building, where the stage house once stood. It is 160 square meters in area and can seat 170 people. It has three wood-paneled walls and receives daylight through the north wall with its floor-to-ceiling glazed windows.

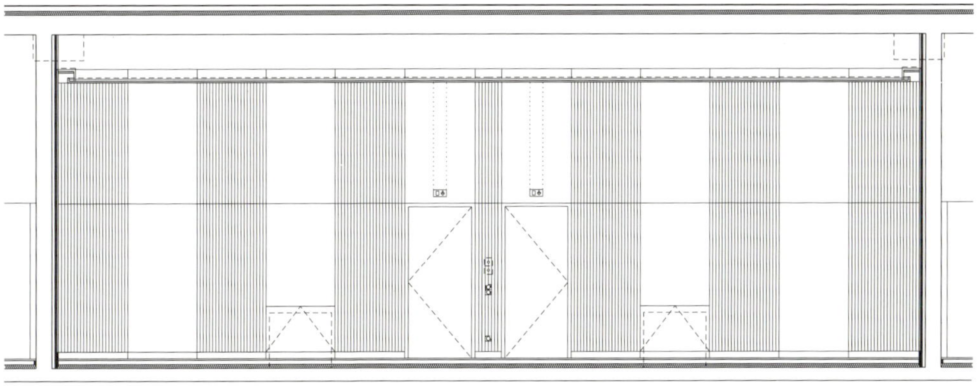

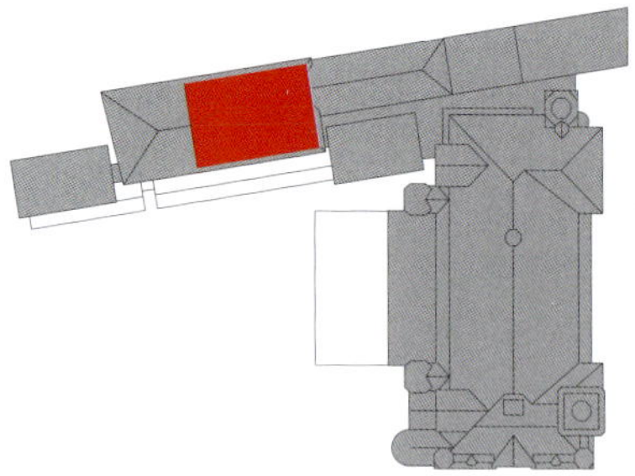



→
Rekonstruierte Art-déco-Stuckreliefs am Bühnenportal des Weißen Saals

Reconstructed Art Deco stucco reliefs on the proscenium arch of the White Hall

→→
Rekonstruierte Art-déco-Kronleuchter im Weißen Saal

Reconstructed Art Deco chandeliers in the White Hall

## Weißer Saal

Nach der Inflationszeit, die der Zoo dank der weitsichtigen Handlungsweise des Wirtschaftsdirektors Reinhold Eppendorfer gut überstanden hatte, nahm die wirtschaftliche Entwicklung des Zoos einen großen Aufschwung und man konnte an die notwendige Erweiterung der Gaststätte denken. An der Stelle des maroden Wintergartens wurde 1924–25 unter der Leitung des Architekten Walther Born vom städtischen Hochbauamt nördlich der Kongresshalle ein eingeschossiger Saalbau mit Walmdach errichtet. Die äußere Gestaltung mit den profilierten Spitzbogenfenstern und den konkaven Pilastern ist der damals aktuellen expressionistischen Architektur zuzurechnen.

Schon im Vorraum freilich und insbesondere dann im Saal selbst kam ein anderes Repertoire ins Spiel. Unter Mitwirkung des Bildhauers Alfred Brumme entstand ein überaus elegantes Interieur in hochmodernem Art déco, wie es in Deutschland einzigartig ist. Wandspiegel mit spitzzackigen Umrandungen, glockenförmige, mit sonderlichen japonisierenden Reliefs gefüllte und mit Skulpturen kleiner Tänzerinnen gekrönte Supraporten über

## White Hall

After the period of hyperinflation in the early Weimar period, which the Zoo managed to survive thanks to the far-sighted actions of the finance director, Reinhold Eppendorfer, it experienced something of a boom and plans needed to be made for expanding the restaurant facilities. In 1924–25, on the site of the dilapidated conservatory north of the Congress Hall, a single-story hall building was built with a hipped roof under the direction of architect Walther Born, from the city's public works service. The exterior design of the profiled lancet windows and concave pilasters stems from the expressionist architecture of the time.

In the entrance hall, and, of course, especially in the hall itself, another stylistic repertoire came into play. With the collaboration of sculptor Alfred Brumme, an extremely elegant interior in an ultra-modern Art Deco style was created, of a kind unique in Germany. This radiant space was adorned with wall mirrors with sharp jagged frames and with bell-shaped overdoors filled with unusual Japanese-style reliefs and crowned with sculptures of little dancing girls; there were triangular bay windows on

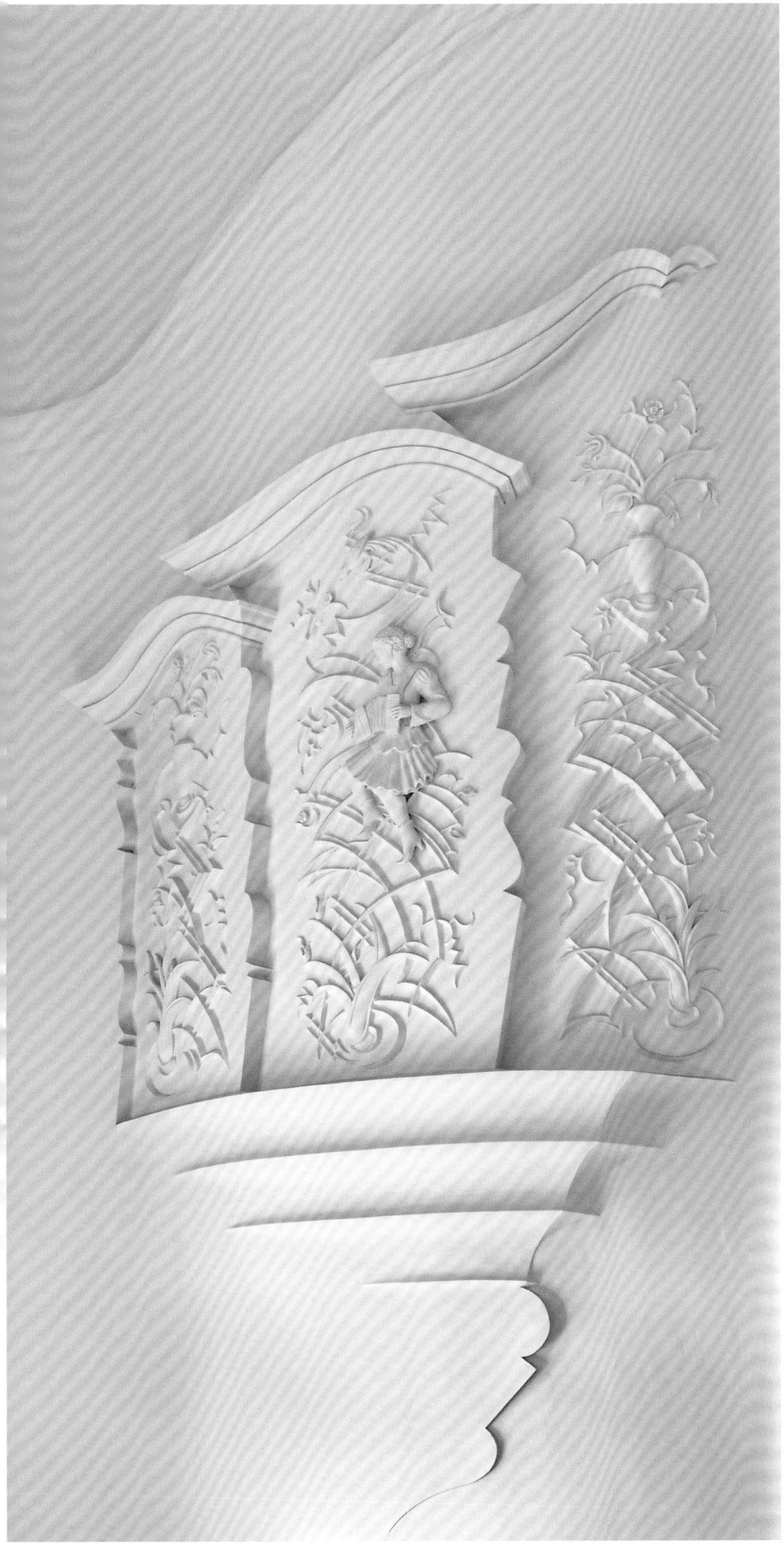

119

←
Weißer Saal, Rohbaufassung mit freigelegter Unterkonstruktion der Stuckdecke

White Hall, shell version with exposed substructure of the stucco ceiling

→
Der Weiße Saal wurde bis auf die Rohbauoberfläche zurückgebaut.

The White Hall was stripped down to the shell surface.

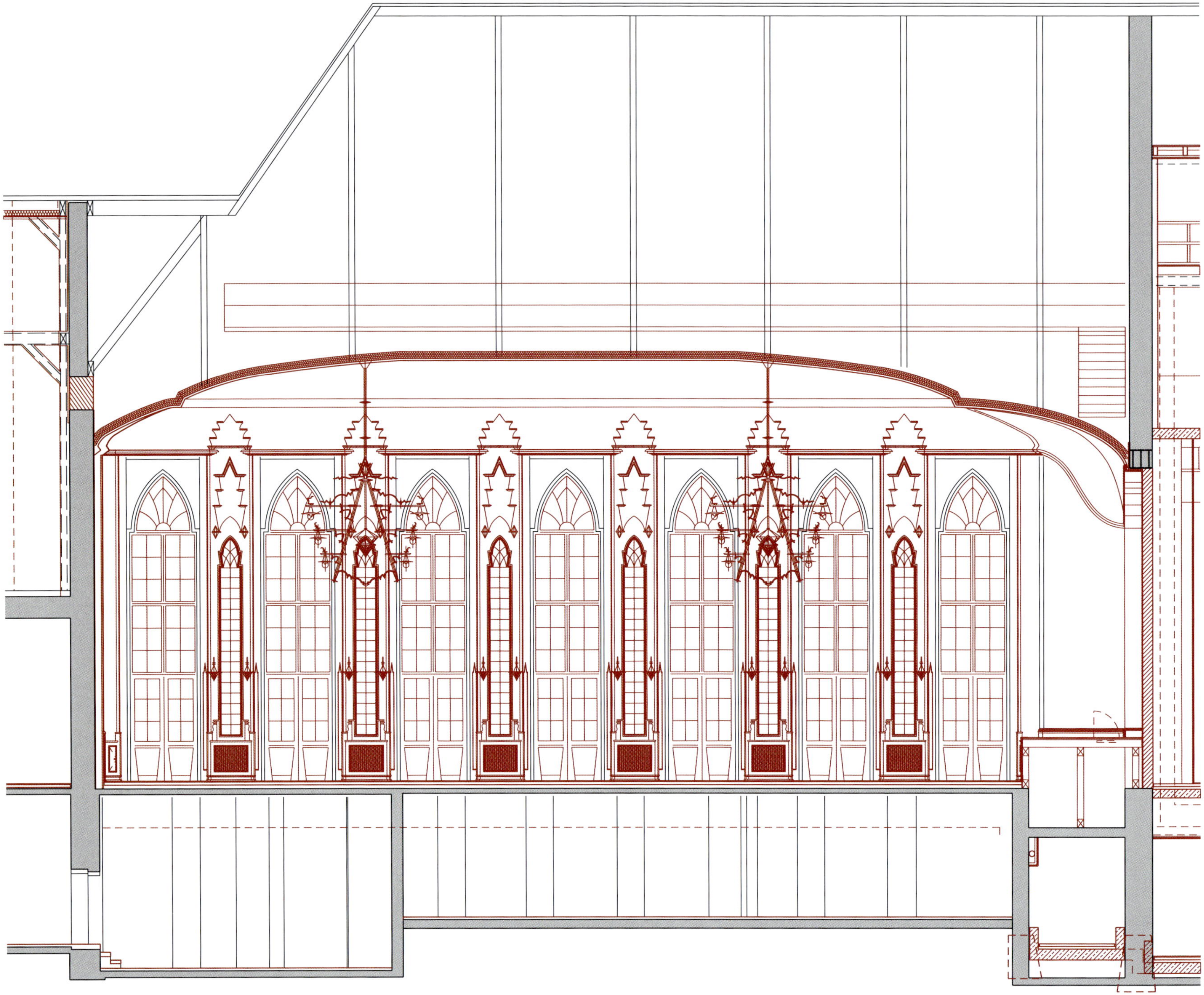

121

→

Weißer Saal, Querschnitt nach Westen

White Hall, cross-section to the west

←

Weißer Saal, Längsschnitt Ost-West

White Hall, longitudinal east–west section

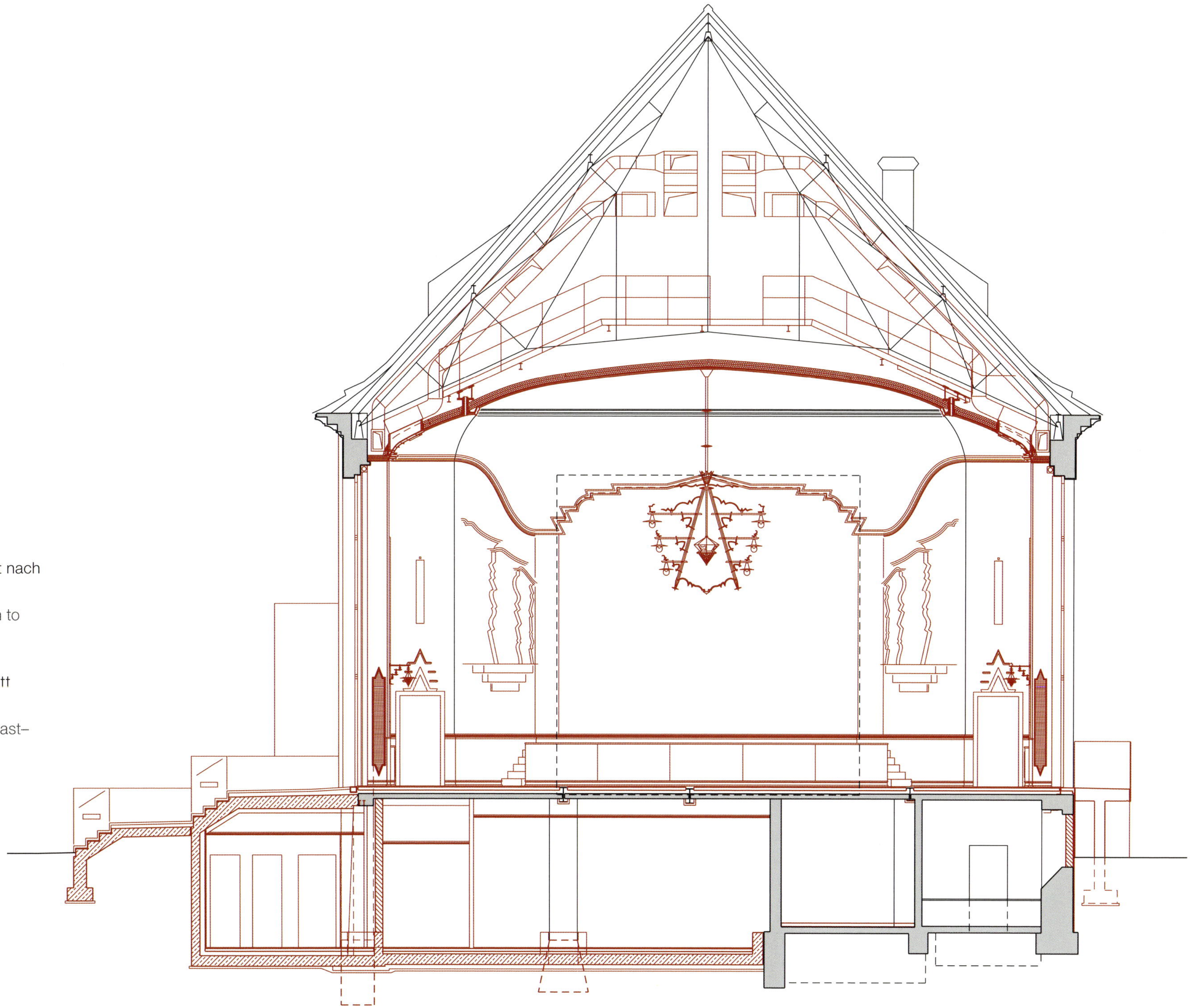

↑
Formenbau der Bühnenportalreliefs

Molding the proscenium arch reliefs

↗
Anlegen der Bühnenportalreliefs in Modellton

Creating the proscenium arch reliefs in modeling clay

den Saaltüren, Dreieckserker an der Rückwand und allerlei figürliches und architektonisches Dekor beiderseits des Bühnentors schmückten den strahlenden Raum. Rostrote Türen und Lamperien setzten einen kontrastierenden Farbeffekt. Vernickelte Kronleuchter in Rispenform und entsprechende Armleuchter an den Wänden brachten den Saal am Abend zum Leuchten. Billig war das Besondere nicht zu bekommen: 215.000 Reichsmark standen auf der Rechnung, weitaus mehr als veranschlagt. Besonders die elektrische Beleuchtung und die Stuckarbeiten schlugen zu Buche.

Von all der Pracht blieb kaum etwas erhalten. In der Zeit der unsensiblen Sanierungsmaßnahmen nach dem Krieg verlor auch der Weiße Saal seine Ausstattung. Der künstlerisch wertvolle Stuck wurde abgeschlagen und durch eine zaghafte Rahmenmalerei ersetzt. Statt der filigranen Leuchten wurden plumpe, mediokre Kronleuchter an die Decke gehängt. Für die Zwecke des Theaters der Jungen Welt wurden eine ansteigende Theaterbestuhlung und ein schlichtes Bühnenportal eingebaut. Als dann am 28. August 1989 ein Brand den Saal zerstörte,

the rear wall and all kinds of figurative and architectural decorations on both sides of the stage doors. Rust-red doors and dadoes created a contrasting color scheme. Branching, nickel-plated chandeliers and corresponding candelabra on the walls lit up the hall in the evenings. This all came at a high price: 215,000 Reichsmarks, in fact—far more than estimated. In particular, the electrical lighting and stucco added to the costs.

Of all this splendor hardly anything was preserved. During the insensitive renovation after the Second World War, the White Hall lost its distinctive features. The artistically valuable stucco was removed and replaced by timid wall paintings. Instead of filigree lamps, clumsy, mediocre chandeliers were hung from the ceiling. For the purposes of the Theater der Jungen Welt, a ramp of theater seats and a simple proscenium arch were installed. When, on August 28, 1989, a fire destroyed the hall, the damage was lamentable but not actually too severe a loss as far as the historic fabric was concerned.

Much happier was the decision, in the 2010s, not to renovate the hall in a neutral, modernist style, but to attempt a

123

↗
Nachbildung der Tänzerinnen in Modellton in der Bildhauerwerkstatt von Andreas Artur Hoferick

Replica of the dancers in modeling clay in the sculpture workshop of Andreas Artur Hoferick

war der zu beklagende Verlust an historischer Bausubstanz nicht allzu schmerzlich.

Umso glücklicher der Umstand, dass man sich nun in den 2010er Jahren entschloss, den Saal nicht neutral modern zu renovieren, sondern eine Rekonstruktion des Art-déco-Juwels zu versuchen. Wie im Großen Saal hat der Bildhauer Andreas Artur Hoferick die Aufgabe übernommen, den Stuckzierrat und den plastischen Figurenschmuck nach Fotodokumenten hinreichend genau zu rekonstruieren. Einzig die Dreieckserker an der rückseitigen Stirnwand wurden leider aus Kostengründen nicht neu geschaffen.

Im Original erhalten waren nur die Supraporten-Reliefs in den Türnischen, die hinter einer Plattenverkleidung überdauert hatten. Glücklicherweise fanden sich von Alfred Brummes reizenden Tänzerinnen, die auf Konsolen über den Supraporten der Saaltüren standen, sehr qualitätvolle Fotografien. So konnten die knapp metergroßen Figurinen bis hin zum Gesichtsausdruck zentimetergenau rekonstruiert werden. Abgerundet wird das wiedergewonnene Art-déco-Interieur durch die einzigartigen

reconstruction of the Art Deco gem of a building that had existed before. As in the Great Hall, the sculptor Andreas Artur Hoferick took on the task of reconstructing with some precision the stucco décor and three-dimensional figures on the basis of photographic documentation. Only the triangular oriels on the rear end wall were not recreated, for reasons of cost.

Of the original decoration only the overdoor reliefs in the door niches had survived behind a panel cladding. Fortunately, very high-quality photographs of Alfred Brumme's lovely dancers on their consoles over the lintels of the hall doors were located. Thus, the nearly meter-high figurines could be reconstructed centimeter by centimeter, with even their facial details intact. The restored Art Deco interior was completed with the unique silvery metal chandeliers and sconces that could be recreated from photographs.

Some concessions to the practical needs of a congress hall had to be made. The back wall is covered with perforated acoustic panels. In the window niches, blackout blinds are fitted along with their runners. And in everyday

↑
Fertige Gipsabgüsse der Tänzerinnen

Finished plaster casts of dancers

silbrig-metallenen Kronleuchter und die Wandleuchter, die ebenfalls nach Fotografien neu geschaffen werden konnten.
Einige Zugeständnisse an den Kongressbetrieb mussten gemacht werden: Die Rückwand ist mit gelochten Akustikplatten belegt. In den Fensternischen sind Verdunkelungsrollos mit ihren Laufschienen angebracht. Und wohl häufig im Tagesbetrieb werden abgehängte Beleuchtungstraversen den Raumeindruck etwas beeinträchtigen. Gleichwohl kann der Saal für Festivitäten oder Bühnenveranstaltungen rasch in seinen schönsten Zustand versetzt werden.

operation, the suspended lighting trusses probably take away some of the impression of spaciousness. However, for festivities or staged events, the White Hall can quickly be made to look as beautiful as possible.

125 →

Die Reliefs der Supraporten waren als einzige originale Schmuckelemente hinter Holzplatten weitgehend erhalten geblieben. Die heute sichtbaren Reliefs sind vorgehängte Kopien, die Originale sind dahinter in situ verborgen.

The lintels had been largely preserved behind wooden panels, as the only original decorative elements. The reliefs now visible are curtain-type copies, while the originals are hidden behind, *in situ*.

←

Originalfotos der Tänzerinnen von Alfred Brumme 1928

Original photographs of dancing girls by Alfred Brumme, 1928

→

Nachbildungen der Tänzerinnen von Andreas Artur Hoferick 2014

Replicas of the dancing girls, by Andreas Artur Hoferick, 2014

128 →

Weißer Saal, Blick nach Osten

White Hall, looking east

←
Weißer Saal, Blick nach Westen

White Hall, looking west

→
Die Kronleuchter im Stil des Art déco wurden in Messing vernickelt nachgebaut.

The chandeliers in Art Deco style were reconstructed in nickel-plated brass.

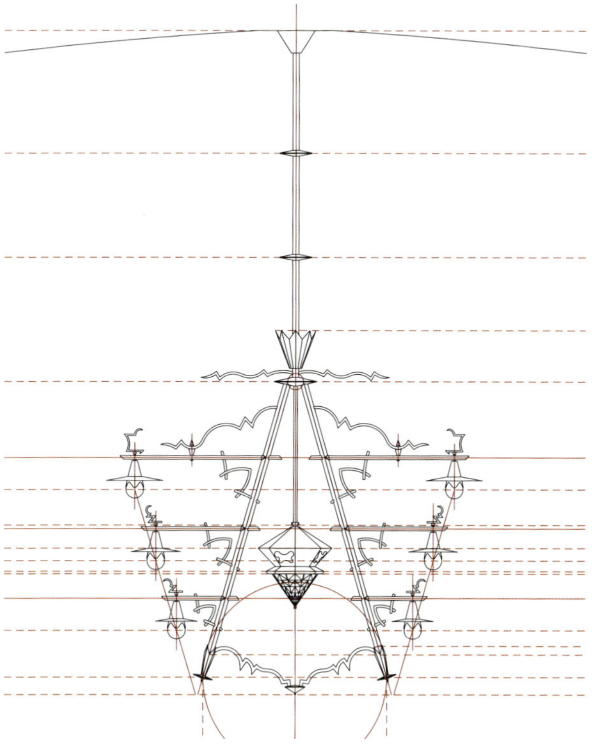

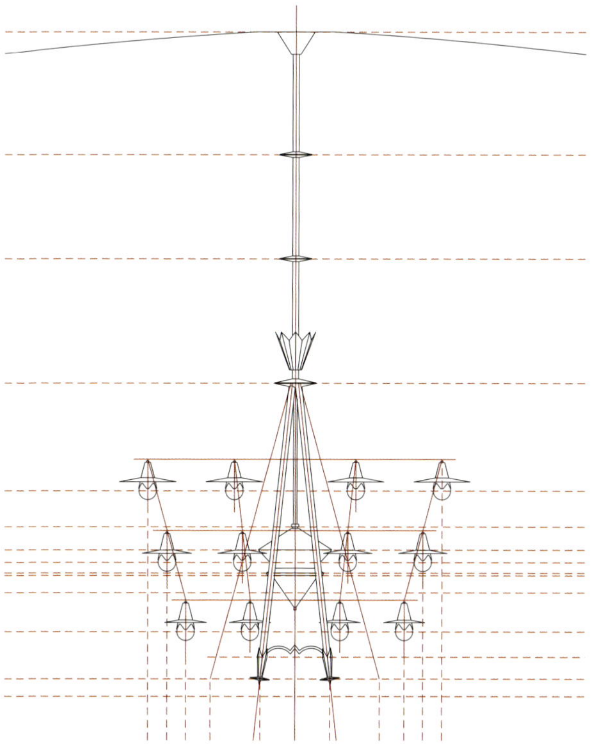

132 →
Weißer Saal, Blick nach Süden

White Hall, looking south

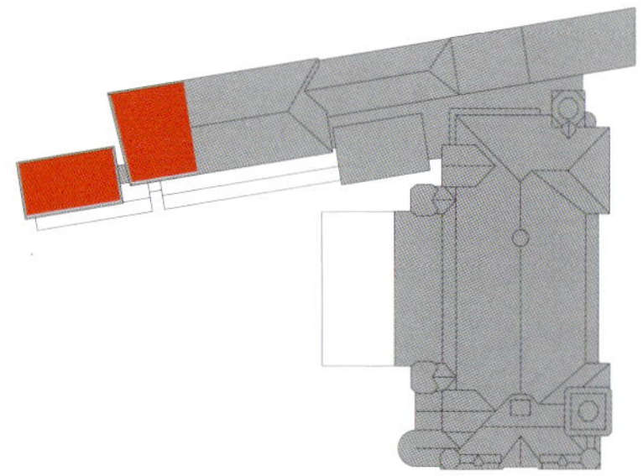

↗→
Der zweigeschossige Westteil des Gebäudes des Weißen Saals wurde vollständig ausgekernt und neu ausgebaut. Im Keller wurde die Küche untergebracht, im Erdgeschoss das Restaurant.

The two-story western part of the White Hall building was completely gutted and rebuilt. The kitchen was placed in the basement, and the restaurant was installed downstairs.

## Palmensaal

Da der früher als Restaurant genutzte Richard-Wagner-Saal in der neuen Raumkonzeption dem Konferenzbereich zugeschlagen worden war, galt es, für das Zoorestaurant neue Räume zu schaffen. Es lag nahe, einen Ort am zooseitigen Ende des Kongresshallenensembles zu wählen. Dafür bot sich der westliche, zweigeschossige Teil des Gebäudes des Weißen Saals an. Zwei Haupteingänge beiderseits des vorgelagerten Aufzugsturms ermöglichen es, Restaurant und Weißen Saal je nach Bedarf unterschiedlich zusammenzuschalten. Bistro-Restaurant, Theke und Anrichte stehen mit der Küche im Untergeschoss in Verbindung.
Fehlte noch ein Speisesaal hinreichender Größe. Dafür wurde ein Bauteil geschaffen, der in den Abmessungen und der äußeren Erscheinung dem Telemannsaal gleicht. Wie am Nordflügel ist die Verbindung des Neubauteils mit dem Bestandsbau durch ein gläsernes, dunkles Verbindungsglied sehr zurückhaltend ausgeführt, um beiden Baukörpern Eigenständigkeit zu belassen.
Der Palmensaal ist mit seinem Charakter irgendwo zwischen Gewächshaus und Wintergarten und seiner

## Palm Hall

Since the Richard Wagner Hall, formerly used as a restaurant, has in the new spatial design become part of the conference facilities, it was necessary to find space for the Zoo restaurant. It was natural to choose a place at the Zoo end of the Congress Hall ensemble. The two-story western part of the White Hall building proved suitable. Two main entrances on both sides of the elevator tower in front make it possible to interconnect the restaurant and the White Hall in various ways, as required. A bistro-style restaurant, bar, and pantry are linked to the kitchen in the basement. But a dining room of sufficient size was still lacking. For this, a building was created similar to the Telemann Hall in dimensions and appearance. As with the northern wing, the connection between the new building and the existing fabric is very reticent, consisting of a glazed, dark structure meant to preserve the autonomy of the two separate buildings.
The Palm Hall is in character half greenhouse and half conservatory, and the tropical atmosphere inside it forms a perfect link between the convention center and the Zoo. Here, as a background to the palms, the tracery

↗
Die Stab- und Maßwerkfassade des Palmensaals wurden in Fertigteilbauweise hergestellt und per Kran vor Ort montiert.

The beam and tracery façades of the Palm Hall were prefabricated and assembled by crane on site.

↗↗
Restauranteingang mit Aufzugsturm und Palmensaal

Restaurant entrance with elevator tower and Palm Hall

Tropenhausatmosphäre im Inneren das perfekte Bindeglied zwischen dem Kongresszentrum und dem Zoo. Hier, als Hintergrund für die Palmen, mag man das Maßwerk der sich überlagernden Spitzbogenfenster als orientalisches Dekor erleben.
144 Personen finden an den Restauranttischen an den Längsseiten Platz. Unter dem Oberlicht in der Mittelachse, zwischen den vier veritablen Palmen, die dem Bau den Namen gaben, haben die Tische eher Bistrocharakter. Holzdielenboden, viel Grün innen und außen und viel Licht und Sonne prägen den Charakter des ganz auf Freizeit und Erholung gestimmten Raumes – gewiss ein angenehmer Ort, um den Zoobesuch zu unterbrechen oder zu beenden.

of overlapping lancet windows may well strike one as having an Oriental flavor.
One hundred forty-four people can be seated at the restaurant tables along the sides. Under the skylight in the central axis, between the four palm trees that give the building its name, the tables are similar to those of a bistro. Wooden floors, lots of greenery inside and out, and plenty of light and sun characterize the area, which is designed entirely for leisure and recreation—definitely a pleasant place for a break during or after a visit to the Zoo.

137 ↑→
Palmensaal des Zoo-restaurants

Palm Hall of the Zoo restaurant

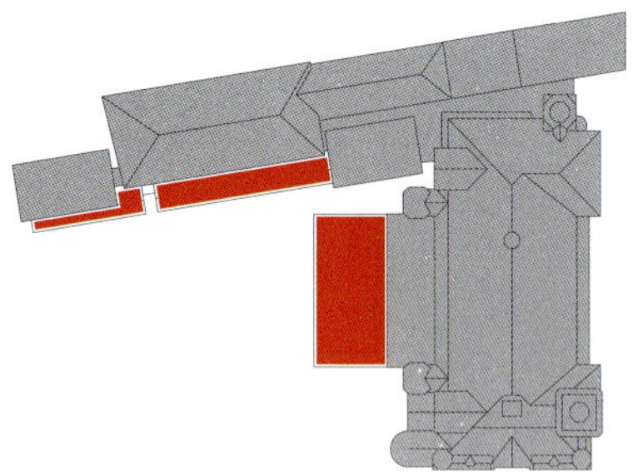



### Terrassen

Die Terrassen haben beim Zoorestaurant immer eine bedeutende Rolle gespielt, kommen doch bei schönem Sommerwetter besonders viele Besucher, die dann auch im Freien bewirtet werden können. Hinzu kommt die Funktion des Hofes als Konzertgarten, in dem vor allem in den Anfangsjahren häufig die beliebten Militärkonzerte stattfanden. Während des Ersten Weltkriegs, als im Gesellschaftshaus Militär einquartiert war, wurde im Konzertgarten allerdings nicht musiziert, sondern exerziert. Erst Ende der 1920er Jahre erlaubte es die wirtschaftliche Situation des Zoos, die dadurch entstandenen Schäden zu beheben, den Garten einzuebnen und neu zu gestalten.
Neu zu gestalten war der Konzertgarten auch jetzt nach der Sanierung und nach Abschluss der Bauarbeiten an den Neubauten. Die frühere Restaurantterrasse vor dem Richard-Wagner-Saal wurde saniert und mit niedrigen Hecken eingefriedet und steht nun den Kongress- und Messebesuchern für Pausen an der frischen Luft zur Verfügung. Auf dem Platz mit seiner wassergebundenen Decke bietet ein Kiosk mit Gartenbestuhlung den Zoobesuchern preiswerte Speisen und Getränke. Wer

### Terraces

The terraces have always played a significant role in the Zoo restaurant, but in nice summer weather they make it possible for great crowds of visitors to be hosted outdoors. In addition, the courtyard can also be used as a concert garden: in its early years, this was where popular military concerts were often given. But during the First World War, when the military was quartered in the Gesellschaftshaus, the concert garden was used not for music-making, but for drill. Not until the late nineteen-twenties did the financial situation of the Zoo make it possible to repair the damage this caused, and to smooth out and reshape the garden.
The concert garden needed to be redesigned even after the renovation of the old buildings and the construction of new ones. The former restaurant terrace in front of the Richard Wagner Hall was renovated and fenced with low hedges and is now a place where congress and exhibition visitors can enjoy a break in the fresh air. On the square, with its water-bound ceiling, Zoo visitors can avail themselves of a kiosk with garden seating serving inexpensive food and drinks. Those who prefer something a

139 →
Terrasse des Zoorestaurants

Terrace of the Zoo restaurant

↑
Konzertgarten und Terrasse vor dem Richard-Wagner-Saal

Concert garden and terrace in front of the Richard Wagner Hall

→
Die Terrassen des Zoorestaurants bieten insgesamt 160 Gästen Platz.

The terraces of the Zoo restaurant can accommodate 160 guests.

ein etwas höheres Niveau bevorzugt, begibt sich auf die zweistufigen Terrassen, die vor dem Weißen Saal und vor dem Palmensaal gebaut wurden. Diese Terrassen mit Südlage und Aussicht auf das Treiben im Konzertgarten werden vom Zoorestaurant bewirtschaftet.
Hier liegen auch die zwei Haupteingänge des Restaurants beiderseits eines Aufzugsturms. Der ungewöhnliche Turm wurde für den barrierefreien Zugang zur Restaurantebene und zu den Toilettenanlagen im Tiefgeschoss vor das Gebäude gesetzt und mit einer Box aus COR-TEN-Stahl verkleidet. Der archaisch wirkende, ungegliederte Block mit seiner rostenden Oberfläche soll als additive, eher natürliche denn architektonische Sonderform gesehen werden und die Ansicht des Gebäudes nicht beeinträchtigen.
So hält der Konzertgarten für den Tagesbetrieb eine vielfältig nutzbare, hierarchische Abfolge von Sitz- und Aufenthaltsmöglichkeiten bereit und bietet darüber hinaus für Freiluftveranstaltungen, Abendkonzerte und dergleichen ein stimmungsvolles Ambiente, das sich durch die Effektbeleuchtung der Freianlagen und der Baulichkeiten noch steigern lässt.

little more refined can head to the two-step terraces built in front of the White Hall and the Palm Hall. These terraces face south and overlook the bustle of the concert garden, and are served by the Zoo restaurant.
Here, too, the main entrances to the restaurant is located on both sides of an elevator tower. This unusual tower was placed in front of the building to enable barrier-free access to the restaurant level and the toilets in the basement, and is covered with a box made of COR-TEN steel. The seemingly archaic, undifferentiated block with its rust-resistant surface is meant to be seen as an additive, natural feature rather than anything architecturally idiosyncratic that might interfere with the appearance of the building.
So the concert garden provides a diverse range of options for day-to-day operations, with its hierarchical range of seats and varied facilities. It also provides an atmospheric ambience for outdoor events, evening concerts, and the like, which can be further enhanced by the tasteful lighting of outdoor areas and buildings.

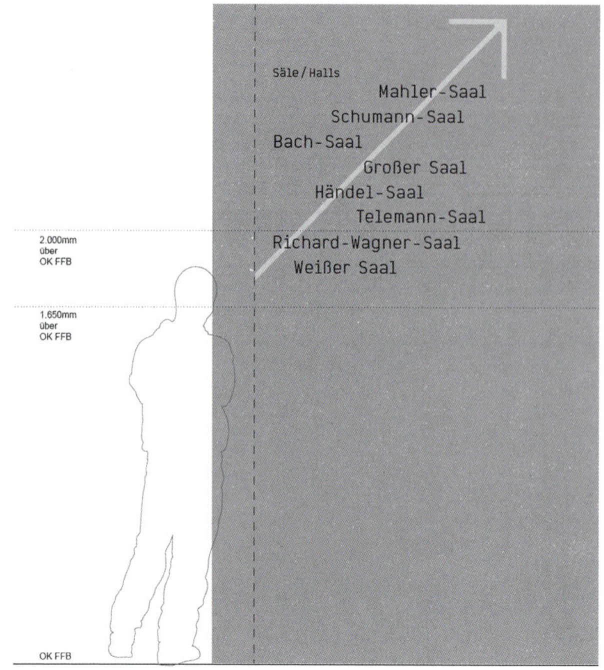




↑
Das Leitsystem ist unmittelbar auf die Wände aufgebracht.

The guidance is connected directly to the walls.

→
Leitsystem im Untergeschoss

Guidance in the basement

## Leitsystem

Das vom Büro Gourdin & Müller (Leipzig/Hamburg) entwickelte Leitsystem im Haus bedient sich einer Signaletik, die sich an der Ästhetik von Internetblogs anlehnt. Die Hinweisrichtungen werden durch große Pfeile vorgegeben, die begleitenden Informationen sind wie eine Schlagwortmatrix im Netz als Wortwolken dargestellt.
Die Beschriftung geschieht ohne spezielle Informationsträger in drei Grautönen je nach Untergrund direkt auf den Wandflächen. Die Pfeile sind mit Farbe aufgetragen. Die Wortinformationen sind in Form von plastischen Buchstaben aufgebracht, wobei deren Größe gemäß der Informationshierarchie variiert.

## Guidance

The building's guidance, developed by the office of Gourdin & Müller (Leipzig and Hamburg), uses signage inspired by the aesthetics of Internet blogs. Directions are indicated by large arrows, and accompanying information presented as word clouds, like an array of keywords online.
The lettering is in three grays (with no semantic significance), directly applied to the wall surfaces to suit the background. The colored arrows are applied with paint. The verbal information is applied in the form of plastic letters, the size of which varies according to the informational hierarchy.

Turmzimmer
Zimmer / Rooms
Mendelssohnzimmer
Säle / Halls
Lessing-Saal
Leibniz-Saal
Schiller-Saal
Goethe-Saal
Expo
Ausgang Süd / Exit South

Zimmer / Rooms
Turmzimmer
Mendelssohnzimmer
Säle / Halls
Leibniz-Saal
Lessing-Saal
Goethe-Saal
Schiller-Saal
Mahler-Saal
Schumann-Saal
Telemann-Saal
Händel-Saal
Weißer Saal
Bach-Saal
Expo

←↗
Leitsystem in der Wandelhalle
Guidance in the lobby

# Anhang
# Appendix

## Daten und Fakten
## Facts and Figures

**1899, 15. März March 15**
Beginn der Bauarbeiten zum Gesellschaftshaus des Zoologischen Gartens
Start of construction of the Gesellschaftshaus for the Zoological Garden

**1900, 29. September September 29**
Einweihung des Großen Saals des Gesellschaftshauses
Inauguration of the Great Hall of the Gesellschaftshaus



**1914–1918**
Einquartierung von Soldaten
Billeting of soldiers

**1920, 1. Januar January 1**
Übernahme von Zoo und Gesellschaftshaus durch die Stadt
Zoo and Gesellschaftshaus taken over by the City of Leipzig

**1925, 9. Mai May 9**
Eröffnung des Weißen Saals
Opening of the White Hall

**1943, 4. Dezember December 4**
Bombenschäden am Gesellschaftshaus
Bomb damage to the Gesellschaftshaus

**1945, 6. April April 6**
Bombenschäden am Großen Saal
Bomb damage to the Great Hall

**1946, Mai May**
Vorläufige Wiedereröffnung des Gesellschaftshauses als Kongresshalle
Preliminary reopening of the Gesellschaftshaus as Congress Hall

**1946, 19. September September 19**
Wiedereröffnung des instand gesetzten und umgebauten Großen Saals
Reopening of the refurbished and converted Great Hall

**1946–1949**
Renovierung und Umgestaltung der Foyers und Säle, Neorokokofassung des Bachsaals
Renovation and transformation of the foyers and halls, neo-rococo décor created in the Bach Hall

**1988, 12. September September 12**
Schließung der Kongresshalle mit Ausnahme des Weißen Saals aus bautechnischen Gründen
Closure of the Congress Hall (with the exception of the White Hall), for structural reasons

**1989, 28. August August 28**
Brand im Weißen Saal, Leerstand des gesamten Gebäudes
Fire in the White Hall; the entire building is vacated

**1991**
Provisorische Reparaturen an Dach und Fassaden
Temporary repairs to the roofing and façades

**2002**
Sanierung von Dach und Fassaden
Restoration of roofing and façades

**2003, 23. Mai May 23**
Wiedereröffnung des Richard-Wagner-Saals als Zoorestaurant
Reopening of the Richard Wagner Hall as the Zoo restaurant

**2009, 10. Oktober October 10**
Entscheidung des Architektenwettbewerbs Kongresshalle am Zoo, 1. Preis HPP Leipzig
Verdict of the architectural competition for the Congress Hall at the Zoo: first prize to HPP Leipzig

**2010**
Baubeginn Generalsanierung. Umbau und Erweiterung der Kongresshalle zum Kongresszentrum
Construction begins with general refurbishment. Renovation and expansion of the Congress Hall to create a convention center

**2015, 29. Mai May 29**
Eröffnung der Kongresshalle am Zoo Leipzig
Opening of the Congress Hall at the Leipzig Zoo

## Projektbeteiligte
## Project participants



**Bauherr** **Builders**
ZOO Leipzig GmbH
Pfaffendorfer Str. 29
04105 Leipzig

Prof. Dr. Jörg Junhold
Rasem Baban, Christian Dubberstein, Johannes Becker

**Projektsteuerung** **Project management**
1. BA Construction stage 1
Drees & Sommer / ICL
Frank Müller, Tilo Fischer
2. BA Construction stage 2
LESG GmbH
Sabine Molik, Thomas Eisermann, Veit Ritter

**Nutzer** **User**
CCL der Leipziger Messe GmbH
Martin Buhl-Wagner, Markus Geisenberger,
Andre Kaldenhoff

**Architekten und Generalplaner** **Architects and general planners**
HPP Hentrich-Petschnigg & Partner GmbH + Co. KG, Leipzig
Gesellschafter Director: Gerd Heise
Projektleiter Project leaders: Sebastian Helm, Ralf Oelke
Team: Kristian Sturm, Katja Bethmann, Claus Coumont, Nils Ehlers, Julia Frohberg, Marcel Graupner, Florian Heiland, Mario Heinig, Claire Jansen, Uta Kielstein, Alexander Lebe, Eliana Martinelli, Uta Muschter, Paola Pavoni, Martin Reichel, Catharina Schulz, Ulrike Schwab, Yvonne Urban

## Fachplaner
## Specialist planners



**Tragwerksplanung** Structural engineering
Ingenieurbüro Fankhänel & Müller
Projektleiter Project leader: Uwe Fankhänel
Mitarbeit Collaboration: Marion Lehmann, Karen Freitag

**TGA – Sanitär Heizung Lüftung Gebäudeautomation** Heating, Ventilation, Building Automation
Eichhorn Glathe Schröder GmbH + Co. KG
Projektleiter Project leader: Hans Glathe
Mitarbeit Collaboration: Marco Steffen, Patrick Stephan, Felix Hellmich, Matthias Funke

**TGA – Elektroplanung, Aufzüge** Electrical engineering, elevators
B-Plan GmbH & Co. KG
Projektleiter Project leader: Dirk Bobe
Mitarbeit Collaboration: Henrik Zeltner, Christian Liebner

**Brandschutz** Fire protection
Halfkann + Kirchner GbR
Enrico Apelt, Holger Muhm

**Schallschutz / Raumakustik** Sound insulation / acoustics
Peutz Consult GmbH
Heiko Kremer, Sebastian Schmidt

**Küchenplanung** Kitchen planning
Schaefer Concept
Michael Schaefer

**Freianlagen** Outdoor installations
Fagus GmbH
Gabriele Seeleman, Thomas Kratzsch
May Landschaftsarchitekten
Tobias Peker

**Lichtplanung** Lighting design
Anke Augsburg Licht
Anke Augsburg, Markus Ruge

**Leit- und Orientierungssystem** Guidance
Gourdin & Müller
Nathanael Gourdin, Katy Müller

**Vermessung** Survey
Vermessungsbüro Meyer
Roland Meyer

**Bodengutachten** Geological survey
Ingenieurbüro für Geotechnik Küster
John Küster

**Restauratorische Gutachten** Conservation advice
Malerfachbetrieb Heindorf
Wolf-Christian Heindorf

**SiGeKo** Health and safety
Ingenieurbüro Beyer
Bianca Beyer

## Beteiligte Firmen
Company credits



**Erweiterter Rohbau Nord** Extended shell north
Köster GmbH

**Erweiterter Rohbau Süd** Extended shell south
O.H.T Hoch- und Tiefbau GmbH

**Erweiterter Rohbau Großer Saal** Extended shell Great Hall
GMW Solidbau GmbH

**Erweiterter Rohbau Nordwest** Extended shell north-west
OTTO Heil GmbH & Co. KG

**Abbrucharbeiten** Demolition work
Kafril Abbruch GmbH

**Erdbauarbeiten** Excavation
Bilfinger Spezialtiefbau GmbH

**Abbruch-, Erdbau- und Rohbauarbeiten** Demolition, earthworks, and structural work
Bau Leipzig-Land GmbH

**Abdichtungsarbeiten** Sealing work
HBR Bau und Reko GmbH

**Zimmerer, Dachdeckung, Dachabdichtung** Carpenters, roofing, roof sealing
Bauzentrum Leipzig

**Gerüstarbeiten** Scaffolding work
Paul Becker GmbH

**Fassadenarbeiten, Metallbaukonstruktionen** Façade work, metal constructions
Ing. Rudolf Langer

**Holzfenster** Wooden windows
Holz-Glasbaugesellschaft mbH

**Außentüren und Fenster** Outside doors and windows
Bau- und Möbeltischlerei Walter Henker

**Trockenbau-, Putzarbeiten** Drywall, plasterwork
Trockenbau Chemnitz GmbH

**Trockenbauarbeiten** Drywall work
Bilfinger R&M Ausbau GmbH

**Estrich- und Beschichtungsarbeiten** Floor and coating work
Stockhorst & Söhne GmbH

**Estricharbeiten** Floor work
Estrich Stoll GmbH
SPOMA Parkett und Ausbau GmbH

**Fliesen- und Werksteinarbeiten** Tile and stone works
Ruck & Partner
Fliesen Großmann Meisterbetrieb GmbH

**Metalltüren und -tore** Metal doors and gates
Metallbau Papendick

**Holztüren, Tischlerarbeiten** Wooden doors, joinery
Tischlerei Müller

**Holztüren** Wooden doors
Tischlerei Jacob OHG

**Schlosserarbeiten** Locksmithing
KGM Konstruktiver Glas- und Metallbau Zerbst GmbH

**Malerarbeiten** Repainting
Sven Seurig
Wulf Mothes Malerbetrieb KG
Malerfirma Becker GmbH & Co. KG

**Stuck- und Restauratorische Arbeiten** Stucco and restoration work
CBM Baumanagement GmbH
STUCKHAUS Scherf und Ritter GmbH

**Künstlerische und bildhauerische Arbeiten** Artistic and sculptural work
Andreas Artur Hoferick

**Foliendach** Roof foil
Vector Foiltec GmbH

**Putzarbeiten** Plasterwork
STEWI GmbH Bauunternehmung

**Bodenbeläge, Parkett** Floor coverings, parquet
Parkettfabrik Dinter

**Sanitärarbeiten** Sanitary work
Lars Goldhammer
Albrecht & Elzemann GbR
Salostowitz GmbH

**Feuerlöschanlagen** Fire extinguishing systems
A & F GmbH

**Heizungsarbeiten** Heating
Bau Leipzig-Land GmbH
Riek & Keßler Sanitär- und Heizungstechnik GmbH
Wärme + Wasser GmbH

**Lüftungsarbeiten** Ventilation work
Otto Luft- und Klimatechnik GmbH & Co. KG
REIMA Co. GmbH
Imtech Deutschland GmbH + Co. KG
Bau- und Haustechnik Bad Düben GmbH

**Starkstrom** Heavy-duty power
Elektro Beckhoff GmbH

**Baustrom** On-site power
Elektrotechnik Schöngarth

**Historische Beleuchtung** Historical lighting
Maresch Kristall Leuchten e.U.

**Schwachstrom** Low power
ASB GmbH

**Förderanlagen** Conveyors
FB-Aufzüge GmbH & Co. KG

**Isolierarbeiten** Insulation work
IIC Industrie Isolierung Chemnitz GmbH
Isoliertechnik OELSNER
WKSB-KORBACH

**Gebäudeautomation** Building automation
Johnson Controls Systems & Service GmbH

**Außenanlagen** Outdoor facilities
Muldental-Service GmbH
Alpina AG

**Küchentechnik** Kitchen appliances
Hase + Co

**Kältetechnik** Refrigeration technology
Friga Kältetechnik GmbH

**Präsentationstechnik** Presentation equipment
Studio-Elektroakustik GmbH

**Bühnenbeleuchtung** Stage lighting
Artthea Bühnentechnik GmbH

## Autoren
## Authors

**Falk Jaeger**
Prof. Dr.-Ing. (arch.), geboren 1950 in Ottweiler/Saar, studierte in Braunschweig, Stuttgart und Tübingen Architektur und Kunstgeschichte und wurde an der TU Hannover promoviert. Seit 1976 arbeitet er als freier Architekturkritiker. 1983 bis 1988 war er Assistent am Institut für Baugeschichte und Bauaufnahme der TU Berlin, übernahm Lehraufträge an verschiedenen Hochschulen und hatte 1993 bis 2000 den Lehrstuhl für Architekturtheorie an der TU Dresden inne. Er lebt als freier Publizist, Dozent, Kurator und Fachjournalist für Rundfunk, Tages- und Fachpresse in Berlin. Er wurde unter anderem mit dem DAI-Literaturpreis Baukultur und dem 1. Preis Architekturkritik der Bundesarchitektenkammer ausgezeichnet.

**Jörg Junhold**
Prof. Dr. med. vet., geboren 1964 in Ortrand, studierte Veterinärmedizin an der Universität Leipzig und erlangte 1991 seine Approbation als Tierarzt. Anschließend absolvierte er ein Forschungsstudium an der Chirurgischen Tierklinik der Universität Leipzig, das er 1994 mit der Promotion abschloss. Ab 1992 war er in verantwortlichen Positionen bei Europas größtem Tierfuttermittelhersteller tätig. 1997 erfolgte die Berufung zum Geschäftsführer und Direktor des Zoo Leipzig. Er ist Honorarprofessor für Zootierhaltung und Artenschutz an der Universität Leipzig.

**Martin Buhl-Wagner**
Dipl.-Wirtsch.-Ing., geboren 1966 in Annaberg-Buchholz (Sachsen). Seine berufliche Laufbahn in der Unternehmensgruppe der Leipziger Messe begann 1995 als Projektmanager. Von Januar 2001 bis Dezember 2002 arbeitete er als Verwaltungsleiter in der MEDICA-Klinik für ambulante Rehabilitation und Sportmedizin Leipzig. Martin Buhl-Wagner führte seit Dezember 2002 die Messe-Tochter FAIRNET Gesellschaft für Messe-, Ausstellungs- und Veranstaltungsservice mbH als Prokurist und wurde im April 2008 als Geschäftsführer berufen. Seit Juli 2008 ist er Geschäftsführer der Leipziger Messe GmbH und der Tochtergesellschaften. Im Oktober 2010 wurde er zum Sprecher der Geschäftsführung der Leipziger Messe ernannt. Seit 2013 ist er Vorsitzender der Interessengemeinschaft Deutscher Fachmessen und Ausstellungsstädte (IDFA) und Vorstandsmitglied des AUMA Ausstellungs- und Messe-Ausschusses der Deutschen Wirtschaft.

**Falk Jaeger**
Professor of Architectural Engineering. Born 1950 Ottweiler (Saar). He studied architecture and art history in Braunschweig, Stuttgart, and Tübingen and received his doctorate at the Technical University of Hannover. Since 1976 he has worked as a freelance architecture critic. From 1983 to 1988 he was an assistant at the Institute of History of Architecture and architectural survey of the TU Berlin, before taking on teaching positions at various universities, and from 1993 to 2000 held the chair of Architectural Theory at the Technical University Dresden. Today he works in Berlin as a freelance publicist, lecturer, curator, and journalist for radio and the daily and trade press. Among his awards is the DAI Prize for Literature and Culture of Construction and the first prize for architectural criticism bestowed by the Federal Chamber of Architects.

**Jörg Junhold**
Professor of Veterinary Medicine. Born 1964 Ortrand (Brandenburg). He studied veterinary medicine at the University of Leipzig and obtained his license as a veterinarian in 1991. He then carried out research at the Surgical Animal Clinic, University of Leipzig, where he received his doctorate in 1994. From 1992 he worked in senior positions at Europe's largest producers of animal food. In 1997 he was appointed manager and director of the Leipzig Zoo. He is Honorary Professor of Zoo Husbandry and Species Conservation at the University of Leipzig.

**Martin Buhl-Wagner**
Diploma in Industrial Engineering. Born 1966 Annaberg-Buchholz (Saxony). His professional career in the corporate group of the Leipzig Trade Fair began in 1995 as a project manager. From January 2001 until December 2002 he worked as managing director in the MEDICA clinic for outpatient rehabilitation and sports medicine in Leipzig. From December 2002 he led FAIRNET GmbH, an offshoot of the Trade Fair that focuses on providing services for exhibitions and events, as its general manager and was appointed its managing director in April 2008. Since July 2008 he has been managing director of Leipziger Messe GmbH and its subsidiaries. In October 2010, he was appointed CEO of Leipziger Messe. Since 2013 he has been chairman of the community of interests of German Trade Fair and Exhibition Cities (IDFA) and a board member of the AUMA Exhibition and Trade Fair Committee of German Business.

## HPP Architekten

Begründet wurde das Büro 1933 durch den Architekten und Regierungsbaumeister Helmut Hentrich. 1953 ergab sich eine Arbeitsgemeinschaft mit Hubert Petschnigg, woraus schließlich 1969 mit der Aufnahme neuer Partner das Büro HPP Hentrich-Petschnigg & Partner entstand. 1974 übergaben die Gründungspartner die Leitung an Hans Joachim Stutz und Rüdiger Thoma. 1977 wurde die HPP International Planungsgesellschaft mbH gegründet. 1992 übernahmen Hermann Henkel und Rüdiger Thoma als persönlich haftende Gesellschafter die Gesamtleitung; Hans Joachim Stutz und Michael Zotter wurden Kommanditisten, Helmut Hentrich und Hubert Petschnigg bildeten den Beirat. Joachim Faust trat 1997 neben Hermann Henkel in die Geschäftsleitung ein. Helmut Hentrich und Hubert Petschnigg übertrugen ihren Beiratssitz auf Hans Joachim Stutz und Michael Zotter. Die namensgebenden Gründungspartner Helmut Hentrich und Hubert Petschnigg verstarben 2001 bzw. 1997. 2002 trat Gerhard Feldmeyer in die Geschäftsleitung ein, 2005 wechselte Hermann Henkel in den Beirat. 2007 erhielt die KG die Rechtsform einer GmbH & Co. KG mit den geschäftsführenden Gesellschaftern Joachim Faust und Gerhard Feldmeyer sowie den Gesellschaftern Gerd Heise, Remigiusz Otrzonsek und Volker Weuthen, zu denen im Jahr darauf Werner Sübai und 2014 Burkhard Junker hinzukamen. Mittlerweile wird das Büro von der vierten Architektengeneration geführt, ist mit 360 Mitarbeitern international tätig und realisierte im In- und Ausland über 1100 Bauprojekte.

Der Hauptsitz von HPP Architekten liegt im Düsseldorfer Medienhafen, weitere Bürostandorte befinden sich in Berlin, Frankfurt am Main, Hamburg, Köln, Leipzig, München, Stuttgart, Istanbul, Schanghai und Washington. Das Tätigkeitsfeld umfasst sämtliche Architekten- und Generalplanerleistungen, schwerpunktmäßig in den Bereichen Corporate Headquarters, Büro- und Verwaltungsgebäude, Hotel- und Wohnungsbau, Kran-

## HPP Architects

The office was founded in 1933 by the architect and government master builder Helmut Hentrich. In 1953 Hentrich embarked on a joint venture with Hubert Petschnigg: finally, in 1969, with the admission of new partners, the Office HPP Hentrich-Petschnigg & Partners emerged. In 1974 the founding partners handed the firm over to Hans Joachim Stutz and Rüdiger Thoma. In 1977 HPP International Planungsgesellschaft mbH was founded. In 1992 Hermann Henkel and Rüdiger Thoma took overall control as personally liable partners; Hans Joachim Stutz and Michael Zotter were limited partners while Helmut Hentrich and Hubert Petschnigg formed the advisory board. Joachim Faust joined the management team in 1997, alongside Hermann Henkel. Helmut Hentrich and Hubert Petschnigg transferred their seats on the advisory board to Hans Joachim Stutz and Michael Zotter. The eponymous founding partners, Helmut Hentrich and Hubert Petschnigg, died in 2001 and 1997, respectively. In 2002 Gerhard Feldmeyer joined the executive board, and in 2005 Hermann Henkel joined the advisory board. In 2007 the limited partnership assumed the legal form of GmbH & Co. This was a limited partnership with the managing partners Joachim Faust and Gerhard Feldmeyer and the shareholders Gerd Heise, Remigiusz Otrzonsek, and Volker Weuthen: during the course of the next twelve months Werner Sübai joined them and, in 2014, Burkhard Junker. Since then, the office has been run by a fourth generation of architects, is internationally active with 360 employees, and has realized, at home and abroad, more than 1,100 construction projects.

The headquarters of HPP Architects is located in Düsseldorf Media Harbor, with additional office facilities located in Berlin, Frankfurt am Main, Hamburg, Cologne, Leipzig, Munich, Stuttgart, Istanbul, Shanghai, and Washington, DC. The field of activity includes all architectural and general planning services, mainly in the areas of corporate headquarters, office and admin-

kenhäuser, Sport- und Freizeiteinrichtungen, Kulturbauten, Shoppingcenter, Bauten für Lehre und Forschung, Industriebau, Verkehrsbauten, Städtebau, Sanierung und Denkmalschutz.

Zu den bekanntesten Bauten des Büros zählen das BASF-Hochhaus in Ludwigshafen, das Dreischeibenhaus in Düsseldorf, die Sanierung des Leipziger Hauptbahnhofes sowie der Düsseldorfer Tonhalle, die Arena AufSchalke und die medizinische Fachbibliothek O.A.S.E. in Düsseldorf. Im Bau befinden sich derzeit unter anderem die deutsche L'Oréal-Zentrale in Düsseldorf, der Deutsche Bank Campus in Berlin, die Hochschule Ruhr West in Mülheim an der Ruhr, das Finanzamt in Halle und die Erweiterung der Arena in Erfurt. Die jüngst fertiggestellten Projekte sind unter anderem das Deutsche Fußballmuseum in Dortmund, der AND Tower in Istanbul, der Büroturm Kristall in Münster, das Wohnhochhaus Pandion D'Or und der Vodafone Campus, beide in Düsseldorf, das maxCologne samt Lanxess Tower in Köln sowie das Clariant Innovation Center in Frankfurt.

istration buildings, hotels and residential constructions, hospitals, sports and leisure facilities, cultural centers, shopping malls, buildings for teaching and research, industrial buildings, traffic buildings, urban buildings, restoration, and conservation.

The office's most famous buildings include the BASF skyscraper in Ludwigshafen, the Dreischeibenhaus in Düsseldorf, the renovation of Leipzig Central Railway Station and the Düsseldorf Tonhalle, the Arena AufSchalke, and the O.A.S.E. medical library in Düsseldorf. Currently under construction are, inter alia, the German L'Oréal-Zentrale in Düsseldorf, the Deutsche Bank Campus in Berlin, Ruhr West University in Mülheim an der Ruhr, the Finance Office in Halle, and the extension of the Erfurt Arena. Among the most recently completed projects are the German Football Museum in Dortmund, the AND Tower in Istanbul, the Kristall Office Tower in Münster, the Pandion D'Or high-rise apartment block and the Vodafone Campus in Düsseldorf, the maxCologne and Lanxess Tower in Cologne, and the Clariant Innovation Center in Frankfurt.

**Gerd Heise**

Dipl.-Ing. Architekt, geboren 1953 in Oberhausen, studierte Architektur an der Fachhochschule Köln und war zunächst am Max-Planck-Institut für Kunstgeschichte, der Bibliotheca Hertziana im Palazzo Zuccari in Rom tätig. Seit 1980 arbeitet er für HPP, zunächst als Projektleiter, dann als Leiter der HPP-Büros in Leipzig und Hamburg. 1994 wurde Gerd Heise Partner und Kommanditist der HPP KG. Heute leitet er als Gesellschafter das HPP-Büro in Leipzig. Gerd Heise ist Mitglied im BDA Sachsen sowie in der Architektenkammer Sachsen

**Sebastian Helm**

Dipl.-Ing. Architekt, geboren 1969 in Ilmenau, studierte Architektur an der Bauhaus-Universität Weimar und der Università degli Studi di Firenze (Universität von Florenz) und arbeitete danach als selbstständiger Architekt in Leipzig. 1997 kam er als Mitarbeiter für Wettbewerbe, Entwurfs- und Ausführungsplanung zu HPP in Leipzig. Seit 1998 ist er dort als Projektleiter tätig. 2015 wurde er zum Projektpartner der HPP Hentrich-Petschnigg & Partner GmbH + Co. KG berufen. Sebastian Helm ist Mitglied in der Architektenkammer Sachsen.

**Gerd Heise**

Diploma in Industrial Engineering. Born 1953 Oberhausen. He studied architecture at the Fachhochschule in Cologne and first taught at the Max Planck Institute for Art History, the Bibliotheca Hertziana in Palazzo Zuccari in Rome. Since 1980 he has worked for HPP, initially as a project manager, then as head of the HPP offices in Leipzig and Hamburg. In 1994 he became a limited partner of HPP KG. Today he is an associate head of the HPP office in Leipzig and a member of the BDA (the Association of German Architects) for Saxony and the Chamber of Architects of Saxony.

**Sebastian Helm**

Diploma in Industrial Engineering. Born 1969 Ilmenau. He studied architecture at the Bauhaus University Weimar and the Università degli Studi di Firenze (University of Florence) and then worked as an independent architect in Leipzig. In 1997 he moved to Leipzig where he worked on competitions, design, and execution planning for HPP. Since 1998 he has been working as a project manager. In 2015 he was appointed as project partner of HPP Hentrich-Petschnigg & Partners GmbH + Co. He is a member of the Chamber of Architects of Saxony.

## Bildnachweis
## Picture credits

Alle hier nicht aufgeführten Abbildungen sind von
Pictures without credits were taken by
Jochen Stüber

Leipziger Messe – Martin Jehnichen
S. p. 5, 41, 50, 51 rechts right, 65 links left, 68 Mitte middle, 68 unten bottom, 88 links left, 91, 94, 101, 118, 119, 134

PUNCTUM – Bertram Kober
S. p. 12/13 und 18

Sigurd Steinprinz, Düsseldorf
S. p. 17, 98

Archiv Zoo Leipzig
S. p. 21, 22, 23, 24, 25, 26, 67 links left

Verein „Kongreßhalle Leipzig" e. V.
S. p. 27, 28, 29, 31, 36, 62 oben top, 102, 126

Stadtarchiv Leipzig – Johannes Rost
S. p. 33, 66

Theater der Jungen Welt, Leipzig
S. p. 37, 39

Wolf-Christian Heindorf, Leipzig
S. p. 40, 48, 49, 51 links left

HPP Architekten
S. p. 42, 43, 47, 52–59, 64 unten bottom, 68 oben top, 72, 79, 80/81, 82, 86 rechts right, 88 rechts right, 105, 110 rechts right, 115 unten bottom, 120, 121, 136 links left

HPP Architekten – Marek Korczowski
S. p. 44

Andreas Althammer, Leipzig
S. p. 62 links left

Peter Eichler, Leipzig
S. p. 67 rechts right, 142 links left, 143, 144, 145

Andreas Artur Hoferick, Berlin
S. p. 71, 74, 76, 122, 123, 124, 127

Adalbert Haberbeck, Leipzig
S. p. 86 links left

Fankhänel & Müller, Leipzig
S. p. 108 rechts right

Maresch Kristall Leuchten, Wien
S. p. 131

Gourdin & Müller, Leipzig
S. p. 142 rechts right

## Impressum
Imprint







Texte von Falk Jaeger.
Texts by Falk Jaeger.

Umschlagmotiv Cover: Jochen Stüber

Redaktion Editorial coordination: Sebastian Helm, Falk Jaeger
Übersetzung Translation: Andrew Brown in association with First Edition Translations Ltd, Cambridge, UK / Edited by Robert Anderson in association with First Edition Translations Ltd, Cambridge, UK
Gestaltung und Satz Design and setting: jovis Verlag: Susanne Rösler
Lithografie Lithography: Bild1Druck, Berlin
Druck und Bindung Printing and binding: DZS Grafik d.o.o., Ljubljana

Bibliografische Information der Deutschen Nationalbibliothek
Die Deutsche Nationalbibliothek verzeichnet diese Publikation in der Deutschen Nationalbibliografie; detaillierte bibliografische Daten sind im Internet über http://dnb.d-nb.de abrufbar.
Bibliographic information published by the Deutsche Nationalbibliothek
The Deutsche Nationalbibliothek lists this publication in the Deutsche Nationalbibliografie; detailed bibliographic data are available on the Internet at http://dnb.d-nb.de

jovis Verlag GmbH
Kurfürstenstraße 15/16
10785 Berlin

www.jovis.de

jovis-Bücher sind weltweit im ausgewählten Buchhandel erhältlich. Informationen zu unserem internationalen Vertrieb erhalten Sie von Ihrem Buchhändler oder unter www.jovis.de.
jovis books are available worldwide in selected bookstores. Please contact your nearest bookseller or visit www.jovis.de for information concerning your local distribution.

ISBN 978-3-86859-404-1